Agersøs vilde folkesagn

Forfatter & fortæller
Stig Colbjørn Nielsen

Stig Colbjørn Nielsen

Agersøs vilde folkesagn

25 fortællinger & skrøner fra en ø

Kolofon:

Agersøs vilde folkesagn
25 fortællinger & skrøner fra en ø

© 2024 Stig Colbjørn Nielsen, Agersø
Forlag: BoD • Books on Demand GmbH, In de Tarpen 42, 22848 Norderstedt,
Tyskland
Tryk: Libri Plureos GmbH, Friedensallee 273, 22763 Hamborg, Tyskland

Sat med Adope Garamond 12 pkt & Footlight MT Light
Redigering & grafik: "BLÆKHUSET"
Beta- & korrekturlæsning: Birgit Thestrup Nielsen
Cover: EasyCOVER ©
Illustrationer © "BLÆKHUSET"
v/Stig Colbjørn Nielsens private kunst- & fotosamling
Doku: www.kb.dk/find-materiale/samlinger/folkemindesamlingen

1. udgave, 1. oplag

ISBN: 978-87-4305-872-4

www.bod.dk

Indholdsfortegnelse

www.colbjørn.dk

Odins ravne Hugin og Munin

Prolog

Gamle skrøner, fortællinger og folkeminder er vor fælles mundtlige fortælletradition fra generation til generation. De er med til at forme både sociale adfærdsmønstre, den fælles, lokale identitet og ikke mindst medvirker fortællingerne til at styrke sammenhængskraften i vore små landsbyer, i udkantsområder og på småøerne. De forskellige fortællinger, skrøner og sagn er i høj grad også med til at skabe vor fælles historie. Man skal såmænd ikke have boet mange år på Agersø, før fortællinger, skrøner og regulære folkesagn fra øen kommer til en. Fortælletraditionen lever i bedste velgående, hvis man ulejliger sig med at lytte og har lidt tålmodighed!

Ofte kommer vi til at forveksle sagn med saga. Der er tale om to vidt forskellige ting. "Saga" kender vi fra det oldnordiske sprog i betydningen: "Det, som siges eller fortælles." Heroverfor står "sagn," som er sprogligt en lille smule yngre, og vi kender det i betydningen: "Udsagn" eller "beretning," og det hænger sprogligt og etymologisk nøje sammen med: "Sige," "udsige" eller "berette." Sprogligt er et sagn derfor det modsatte af et "Eventyr." Sagnet hævdes således sprogligt at give udtryk for noget sandt, noget faktuelt sket. Sagnet er en fortælling om markante historiske personer, begivenheder og væsner. Det er beretninger og fortællinger, som stadig lever.

Til denne bog har jeg først og fremmest lyttet til den brogede og evigt foranderlige fortælletradition på Agersø. Jeg bor selv på øen. Jeg har også kigget rigtig dybt i Dansk Folkemindesamlings skatkammer for at kunne sammenstykke nogle af fortællingerne og sagnene til i dag forståelige helheder. Dansk Folkemindesamling er statens enorme arkiv for dagliglivets ikke-materielle kultur i hele Danmark. Netop fordi der er tale om en mundtlig, og ofte anonym, overlevering, så forandrer de enkelte fortællinger sig hele tiden. Nye opstår også hele tiden løbende. Det er som en ål i mudder, vanskelig at opdage, næsten umulig at få hold på; men utrolig velsmagende, når den endelig lander på ens tallerken.

Jeg har udvalgt de folkesagn og fortællinger, som jeg synes tilsammen er mest repræsentative for Agersø; men der findes mange, mange flere!

Den enkle måde at beskrive et folkeminde på er, at det er en kortere fortælling om en begivenhed, en person eller et væsen, som af fortælleren opfattes som noget, der virkelig en gang har fundet sted. Jeg vil lade det være op til dig, som læser, selv at vurdere det.

Rigtig god fornøjelse med at opleve den verden, som folkesagnene fra Agersø, åbner!

Stig Colbjørn Nielsen

Agersøs tidsler

Folkesagn, trolde & nisser med tilbehør

Inden du lader dig glide ind i det vidunderlige og særegne univers, som Agersøs vilde folkesagn udgør, så kommer først lidt baggrundsviden om folkesagn.

Folketroen er de folkelige forestillinger om overnaturlige eller uforklarlige kræfter, væsener og sammenhænge. Ældre forskning på området så folketroen som et sammenhængende system. Moderne forskere mener derimod, at forestillingerne og fortællingerne stammer fra vidt forskellige tankesæt og traditioner, som i øvrigt ofte er indbyrdes modstridende.

Biskop Erik Pontoppidan udgav i 1736 bogen, *"Fejekost til at udfeje den gamle Surdej."* Med bogen ønskede biskoppen at bekæmpe *"Menigmands hedenske og Katolske Overtro."* Bogen blev et polemisk indlæg i tidens voldsomme kamp mellem den lutherske statskirke og livssynet hos dens modstandere. Blandt modstanderne var både oplysningsmændenes videnskabeligt baserede verdensbillede og almuens, menigmands, ganske uofficielle trosforestillinger. Kirken kasserede med hård hånd alle de gamle fortællinger og skrøner, som i vidt omfang blev overleveret mundtligt i tællepråsenes varme skær ude i de lavloftede stuer; mens den salte vind fra havet tudede i skorstenspiben.

Svend Hersleb Grundtvig, søn af salmedigteren N.F.S. Grundtvig, blev på en rejse til England inspireret til at arbejde meget mere med kæmpeviserne, sagaerne og folkesagnene. I modsætning til både Pontoppidan og sin far, så Svend Grundtvig i høj grad noget kulturelt værdifuldt i folketroen og de forskellige mundtlige overleveringer.

Axel Olrik hentede utrolig megen inspiration fra netop Svend Grundtvig. I 1853 grundlagde Axel Olrik en egentlig folkemindeforskning i Danmark. For ham var folketro og folkeskik to sider af samme sag. Begge repræsenterede de i høj grad kulturhistoriske værdier. Axel Olrik fandt i dansk folketro elementer fra både protestantisme, katolicisme og den gamle hedenske Asatro. På det behandlingsmæssige plan, altså kloge koner og mænd, så Axel Olrik tydelige elementer fra ældre videnskabelige systemer som astrologi og antik eller middelalderlig lægevidenskab.

Moderne forskere indenfor folkemindeområdet og antropologien ser folketroen, også den nutidige, fungere som en pragmatisk tænkemåde, en dagligdagsfilosofi, der fortæller folk, hvordan de bør tænke og handle i konkrete situationer. Det sammenhængende eller intellektuelle aspekt ved tro og folketro er sjældent interessant for den enkelte. Mere interessant kan det være at prøve at forstå det uforklarlige, finde lykken og afvende det onde i sit og sine nærmestes liv. Til det bruges folketro og tradition.

Overnaturlige væsener spillede tidligere en stor rolle i hverdagen i form af troen på væsener, der boede i skove, bakker, vandløb og lignende. Det kunne være elverfolk, trolde, nisser, mosekonen, huldren, havhesten og mange flere. Også troen på ikke-personificerede magter og kræfter i fx træer, sten og dyr var udbredt. Hertil kom så mennesker, der kunne være født med overnaturlige evner. Nogle var synske, dobbeltgængere kunne være flere steder på samme tid, og hekse og troldmænd kunne skade andre. Kloge koner og mænd var født med helt særlige evner til at lindre og til at helbrede.

Folkemedicinen afveg ofte væsentligt fra den aktuelt i tiden herskende lægevidenskabelige praksis. Mundtlige og skriftlige råd, hemmelige opskriftsbøger, specielle former for adfærd og tradition er i dag et veludforsket område. Moderne healing har heller ingen skarp grænse til folkemedicin og folketro.

Magiens område byder traditionelt, at man skal dele tingene op i magiske genstande, altså noget, man kan røre ved eller se, og i magiske kvaliteter, altså alt det, man ikke kan se. Disse to kategorier indgår også i det moderne begreb, fantasy. Hos mange mennesker i dag er fx kirke, religion, tro og overtro, lægevidenskab og naturmedicin, healing og auralæsning ikke nødvendigvis modsætninger; men derimod reelle valgmuligheder, som den enkelte kan bruge til at forstå og ændre sit personlige liv. Denne måde at anskue verden på griber i virkeligheden tilbage til en tid, hvor ikke alting skulle have en rationel og logisk forklaring.

Sagn og sagaer kan ofte have en solid kerne af noget historisk faktuelt. Der indgår som hovedregel også altid et fast grundmønster i fortællingerne, hvor fx personer, der kommer ud for uheldige eller ulykkelige omstændigheder, lige modsat eventyrerne, ingen mulighed har for selv at påvirke deres skæbne. Sagnene er erkendelser af de ikke-menneskelige kræfter, som kan gribe ødelæggende ind i tilværelsen. I sagnene kan man spejle tilværelsens sociale og personlige konflikter. Man kan iagttage de konfliktsituationer, der opstår, når ens tilværelse eller hele sæt af leveregler og sociale adfærd trues eller slås i stykker. Der kan indgå bl.a. trolde, huldrer, havheste, havfruer, vætter, mosekoner eller ligefrem fanden selv.

Anekdoter opstår løbende som en del af en fælles social erindring. Det kan fx være et kært familiemedlem, som ved en familiesammenkomst bliver fuld og dårlig af for meget øl og brændevin; men som efterfølgende altid undlader at spise sild, fordi han mener, at det var silden, og ikke øl og brændevin, han blev dårlig af.

Vandrehistorier er i familie med anekdoterne. I vor egen tid fortæller vi ikke længere om overnaturlige væsener eller hændelser. Vandrehistorierne, sagnene, bliver tilpasset samtiden. Mønstret er også ret fast, for den person, vi lader opleve historien i fortællingen er altid en, der lige akkurat er udenfor vor allernærmeste familie- eller vennekreds, fx *"en god bekendt til en ven."*

14

På den måde kan fortællingen ikke lige på stående fod modbevises eller afvises som usandsynlig.

Legender og skrøner kan udmærket være middelalderens helgenlegender, som alle har et tidløst pædagogisk sigte. Skrønerne er sådan set gjort af det samme stof. Overdrivelse og forenkling er væsentlig, fordi det fremmer forståelsen, og sandhedsværdien spiller ingen som helst reel rolle.

Folkesagn: Et meget fint eksempel på, hvordan et folkesagn kan være, er fortællingen om hvordan tidslerne kom til Agersø:

Der var en gang på Agersø en fattig fiskerkone, som kun havde en søn. Han var desværre blevet alvorligt værkbruden sidst, han var med faderen på havet. Han kunne ikke helbredes. Hans mor havde uden resultat talt med begge de to kloge koner, som dengang boede på øen. Så en fuldmånenat drømte hun, at den rige godsejer oppe på Agersøgaard havde en enkelt magisk tidsel stående ved godsets hovedport. Denne tidsel gjorde, at ingen på godset nogensinde var syge. Moderen fik i sin drøm nogle få dun fra tidslen, og med dem gjorde hun sin søn rask igen. Straks hun vågnede af sin drøm tidligt om morgen, begav hun sig afsted til godset. Hun forespurgte pænt og ydmygt godsejeren om lov til at få nogle få dun fra den store tidsel, der voksede ved hovedporten.

"Nej. Det kan der ikke være Tale om. Hvis min Tidsel virkelig er saa værdifuld, saa skal jeg have en

Rigsdaler i Betaling!" Fiskerkonen havde ingen Penge, saa hun maatte gaa Hjem med uforrettet Sag. Det var hun selvfølgelig ked af, saa hun gik og græd paa Vejen Hjem. Pludselig, midt paa Strandalléen, mødte hun selveste Sankt Peter. De to fik sig en trøstesnak; men Sankt Peter lovede ved Jesu kors at faa klaret Sagerne, hvis Fiskerkonen ville tro ekstra meget paa Gud? Det ville hun naturligvis.

Da fiskerkonen på tredjedagen kom ind til sin syge søn med hans morgenrøllikete, var han blevet helt rask og klar til at stå til havs ombord i faderes fiskeskib igen. Fiskerkonen var lykkelig og huskede at gå i kirke hver søndag herefterdags.

Til gengæld havde Sankt Peter ladet godsejerens ene tidsel blive så frodig, at der efter kort tid havde bredt sig et tykt tæppe af tidsler på alle godsets marker! Desværre bredte tidslerne sig også til resten af øen, og det er derfor, der er så mange tidsler overalt på Agersø!

Uanset, om det er et folkesagn, eller bare en god fortælling fra Agersø, så har en af de allervigtigske bevæggrunde for overhovedet at give fortællingen liv haft et opbyggeligt og pædagogisk sigte. Det kan næppe udtrykkes bedre end den, som engelske Gilbert Keith Chesterton udtrykte tilbage i 1909:

> *"Eventyr og Fortælling giver ikke Barnet dets første Idé om Bussemænd. Hvad Barnet faar gennem Fortællingen er den første klare Forestilling om, at det faktisk*

16

er muligt at besejre Bussemanden under Sengen. Barnet har kendt til Dragen fra det Øjeblik, det udviklede Fantasi; hvad Eventyret, Fortællingen, Folkesagnet giver Barnet er en indre Sant Jørgen til at besejre Dragen!"

Skt. Jørgen & Dragen – kalkmaleri i Ballerup Kirke

Agersøs farlige huldre, Aasa, fra havet

1. Folkesagn

Huldre fra havet

I dansk overlevering er huldren et smukt; men overnaturligt, kvindeligt væsen med hale som en ko. Hun har langt, bølgende hår, grønne øjne, stærke arme og sunde bryster. Ovre på fastlandet bor hun enten i en høj eller bakke; men dem er der ingen af på Agersø. Derfor bor huldrerne ude i den kolde havgus tæt på øens kyster. En huldre forsøger ofte at lokke unge arbejdsføre mænd eller fiskere til sig ved sang og sfærisk musik. Huldren skal bruge de unge mænd til evigt at arbejde for sig. De slipper aldrig fri igen, hvis de først har ladet sig lokke! I meget sjældne tilfælde kan det imidlertid ske, at huldren bliver forelsket i en stærk, ung og køn mand. Når det sker, så taber hun sin hale på kirkegulvet på bryllupsdagen, og alle hendes overnaturlige evner forsvinder med halen. Til gengæld får ungersvenden den bedste og mest trofaste hustru nogen mand kan ønske sig! Dog skal manden huske at plante syv hyldetræer på sin grund og sørge for, at træerne trives og har det godt. Hvis ikke, så bliver hans huldre til en heks!

En grå og våd novemberdag sidst på eftermiddagen ved tusmørketid, gik en ung mand ad Lillemaden. Han skulle ud for at tilse gårdens dyr ude på strandengene mod vest. Ude fra de regnvåde tusmørkemarker fra elverfolkets gråblå dis, dukkede pludselig en kvindeskikkelse frem. Hun kom hurtigt nærmere og nærmere hen imod den unge mand, som, forvirret over det uventede syn, standsede op. Da hun

19

kom tæt på, kunne han se hendes smukke ansigt og flotte skikkelse; men også det intense, iskolde og klare blik i hendes grønne øjne! Han var på en og samme tid både fascineret og tiltrukket af hendes underfulde, nærmest perfekte, skikkelse, og også skrækslagen.

Regndråber i strimer dryppede tungt fra hendes lange lyse hår, som viltert hvirvlede i vinden ude fra havet. Han trådte et skridt til siden. Han ville helst gå ad en anden vej; men der er ingen andre muligheder. Han var splittet i sine tanker. På den ene side stod han og ønskede så brændende at blive den underskønnes evigt udkårne. På den anden side turde han alligevel ikke. Han kendte jo slet ikke denne kvinde. Kunne hun fornemme ham?

I et kort øjeblik mødtes deres blikke. Alt var stille. Selv vandpytterne på den smattede vej faldt til ro. Han hørte sfærernes blide musik, æterisk og uhåndgribeligt og undrede sig. Et øjebliks uendelige crescendo. Kort sagde huldren til ham med sin dybe røst fra havet:

"Saa sandt mit navn er Aasa, er du mig ikke værdig, Mand. Forsvind fra mit Blik og min Vej. Nu!"

Kynisk koldt havde hun fravalgt ham og fortsatte sin færd videre i disen. Han vendte sig overrasket om efter hende. Da så han lige under hendes frakkekant den sorte hale svinge! Huldrens særlige kendetegn, hendes farlige våben. Med hurtige og faste skridt forsvandt hun i disen på den anden side af fornuften i retning mod Agersø By og mere udfordrende mandligt bytte end lige ham.

Hvem mon huldren vælger blandt Agersøs arbejdsføre mænd? Hvem tør møde hende i havgusen?

Også i middelalderen skulle der smages på sejden

2. Folkesagn

Fra de kloge koners opskriftsamlinger

Magiske drikke fra sorte gryder har været kendt og brugt siden oldtiden. Fra litteraturen er den bedst kendte stærke, magiske gryde nok den, som William Shakespeare i "Macbeth" lod sine tre hekse fremstille i en magisk bryg af øgleøje, firbenslår, hundetunge, flagermusehår, hugormetand og tudsefod, uglevinge, snogebråd, som de blander til selveste Helvedessuppen!

På Agersø behøvede man ikke at være heks for til alle tider at kunne koge en god og virkningsfuld sejd. Kloge koner har der gennem tiden været rigtig mange af på øen. Det er der såmænd stadigvæk, hvis man ved, hvordan man skal spørge sig for. Alle har de haft, og har, hver deres særlige viden og kunnen til gavn og glæde for de fleste og ubehag for de få. Vi har også eksempler på, at udenøs er kommet sejlende til Agersø for netop at konsultere en af øens kloge koner. De var kendt videnom.

Så sent som fra det 20. århundrede kan fx nævnes Pauline Kristiansen. Hun var gift med Elias Kristiansen, en af Agersøs mere kendte, og ofte omtalte, originaler. I Agersø By er der endog et af stræderne, der bærer hans navn.

Paulines mest berømte sejd blev kaldt *"Agersøs Sommermagi."* Pauline mente ikke selv, at hun tilførte denne gryde sejd noget særligt. Det måtte være selve øens magi, der bare endte i hendes gryde på brændekomfuret! Vi ved faktisk heller ikke, hvorvidt drikken virker udenfor øen? Her følger hendes allermest hemmelige opskrift:

Første dag tages forsigtigt et af strandkålens blade, en stængel fra den blomstrende tidsel, trekvart blad låner du fra sukkertangen, to blade fra Strandalléens gamle lindetræer og et umodent aks fra den langhårede byg mod syd. Det hele hakkes omhyggeligt og meget fint. Det blandes godt i et stort glas eller krukke med dagfriskt havvand fra en af sandstrandene mod nordvest.

Næste dag skal drikken gives sin vældige magt. Du skal nu sidde helt roligt. Du skal tage ti dybe, langsomme indåndinger. Din puls skal være i ro. Du skal have et vættelys fra stranden ved Lillemaden i venstre hånd. Med dine egne tanker henter du nu energi fra din krop til at oplade drikken med havets vilde kraft. Husk hele tiden at røre langsomt i drikken med højre hånd. Mens du rører med din træske, udsiger du klart og tydeligt tre gange hen over drikken de magiske ord, som de klogeste før dig har talt:

"Jeg staar her med bankende Hjerte i dit Lys,
Giv nu denne min Drik Havets Kraft og Magt,
Giv mig Mod og gammel Viisdom til at bruge den."

Derefter tilsættes enten en god brændevin uden kommensmag eller en stærk brændenældete. Drikken varmes nu over åben komfurild op i en lille kasserolle eller gryde til ca. 92 grader – den må endelig ikke koge!

Lad herefter din nu meget kraftfulde havsens drik køle helt af og få ro og hvile.

Tredjedagen tager du seks blå cikorieblomster. Fem cikorier fordeler du på vejen mellem dig og enten den udkårne eller mellem dig og den, du vil alt det bedste her i verden. Du skal selv have viljen! Den sjette cikories blå kronblade brænder du blad for blad over et vokslys i dit eget hjem; mens du har den anden person alene i dine tanker. Sid så helt stille i en halv time. Derefter drikker du din magtfulde drik i et eneste drag. Nu først har du overført kærlighedens kraft.

Det er heldigvis lykkedes at finde frem til mange flere opskrifter på gode og virkningsfulde sejd fra andre af øens kloge koner gennem tiderne. Kloge koner, og kloge mænd med for den sags skyld, bedrev oftest deres virke i en gråzone mellem læge og dyrlægefunktioner og heksekunst. På en ø, som Agersø, så man kun yderst sjældent fagligt uddannede personer med specialviden. Man måtte benytte sig af de forskellige selvlærte og vidende mennesker, der nu en gang boede i ens nabolag. Et rigtig godt eksempel på det er Margrethe Pedersdatter Cheitums husbestyrerinde på Agersø Gods, Maren Sofie. Vi kender desværre kun hendes fornavn; men hun var en nøgleperson på godset, når Margrethe Pedersdatter Cheitum eller hendes mand, Christen Andersen Dverig, elle de begge, måtte være i København. Han havde i øvrigt købt Agersø, Egholm, Helholm og Omø i 1666 af Frederik 3. Christen Andersen Dverig var cancelliråd, borgmester i København, assessor ved højesteret og nu også godsejer i provinsen. Han og fruen kunne derfor kun i begrænset omfang selv opholde sig på deres Agersø.

Allerede nogle år tidligere støder man på Maren Sofie. Hun havde arvet sine forældres lille aftægtsbolig i Agersø By. Hun beholdt den som en slags forsikring, hvis nu godset pludselig skulle blive solgt eller delt, så hun måske ville stå uden hverken indtjening eller tag over hovedet. Til gengæld gav det lille hus med halmtaget i Agersø By hende mulighed for nogenlunde uforstyrret at tjene penge som klog kone!

Det er usikkert, hvor Maren Sofie havde sin viden fra. Det mest sandsynlige er nok, at en gammel familiereceptbog gået i arv fra mor til datter? En anden, og mere spændende, mulighed kunne være, at hun på et tidspunkt i sit liv, før hun blev husbestyrerinde på Agersø Gods, måske har kendt, eller boet sammen med, en af øens smede? Alle landsbysmede over hele landet havde et særligt skab i et hjørne af deres mørke værksted. Her opbevarede de både forskellige kirurgiske instrumenter, en lang række medikamenter, recepter og vejledninger til deres kombinerede dyrlæge og bartskærervirke. Bartskæreri var tilbage fra tidlig middelalder en anerkendt uddannelse. Næsten alle smedemestre havde taget uddannelsen i Tyskland; mens de som svende havde været på valsen som rejsende navere. Smeden på Egholmvej, skråt overfor fattighuset, kunne være en mulighed?

Et af Maren Sofies kendte specialer var smertelindring, et andet var at kurere øjenbetændelse på dyr og mennesker. Selvom målangivelserne er temmelig usikre, så er det lykkedes at tyde og afkode hendes mest kendte opskrift på smertelindrende sejd. Opskriften er et rigtig fint eksempel på de kloge koner og mænds måde at fremstille deres medikamenter på. Den er medtaget her for at vise, at de ikke kun beskæftigede sig med magiske trylledrikke og den slags. Det skal understreges, at den lokale opskrift er noget fragmentarisk og mangelfuld!

Man skal bruge en stor jerngryde, der nyligt har været kogt grød i, og som stadig har fastbrændte grødrester på indersiden. Gryden fyldes en tredjedel op med friskt havvand fra øens vestkyst. I bunden af gryden skal placeres syv sorte, skarpe flintesten og et forstenet søpindsvin. Gryden sættes over ilden i ildstedet, eller på brændekomfuret, og varmes langsomt op uden at koge. Når vandet er lidt mere end håndvarmt, så kastes 66 nyplukkede, blomstrende hunkopper fra havens ældste humleplante i vandet på en gang. Humleplanten må ikke være af hverken de tyske eller jyske sorter. De skal være af den sjællandske slags! Der skal røres langsomt rundt med en bred træslev, så det rumler fra flintestenene på grydens bund. Det skal være en gammel træslev skåret af gammelt asketræ. Vandet må stadig ikke koge; men skal nu småsimre mindst en times tid lige under kogepunktet. Så tilsættes et halvt pund fint og friskhakket sukkertang fra Omøsund og en pægl sensommerhonning fra sidste år. Gryden simrer lidt videre, hvorefter der tilsættes mindst et pund tørrede druehyld og et halvt pund tørrede og knuste baldrianrødder. Nu skal gryden lige ganske kortvarigt nå kogepunktet, hvorefter den tages af ilden og stilles til langsom afkøling under låg udendørs i skyggen.

Den smertedæmpende sejd er dog langt fra færdig endnu. Til gengæld tog Maren Sofie så lidt af denne afkølede sejd og kom på små flasker klar til brug som øjendråber mod øjenbetændelse. Behandlingen skulle dog følges op med at lægge helt friske, gule blomster fra svaleurt på det syge øje.

Når sejden så har stået og trukket et døgns tid, skal de to allervigtigste ingredienser tilsættes forsigtigt. Disse ingredienser kræver begge noget forarbejde. Stærkt, koncentreret udtræk af almindelig røllike. Tilsyneladende har alle kloge koner og mænd altid haft denne ingrediens på lager, eftersom den dels indgik i et utal af de gamle opskrifter, dels også blev brugt alene. Den anden ingrediens, svaleurtens gule, tyktflydende saft, var meget mere arbejdskrævende at udvinde. Hertil kom, at den heller ikke var nem at opbevare, medmindre den blev blandet op med i brændevin. Til netop denne smertedæmpende sejd kunne det ikke gå an at bruge den opblandet i brændevin. Saften kan heller ikke tåle opvarmning eller kogning. Derfor måtte Maren Sofie udvinde saften fra de friske planter samtidig med, at hun satte gang i sejdkogningen. Hun skulle bruge mindst en pægl, altså en kvart liter af svaleurtens saft, hvilket er meget!

Først skal der tilsættes en pægl, altså ca. en kvart liter, røllikeudtræk under langsom og forsigtig omrøring. Så skal sejden hvile til næste dag. Næste morgen ved solopgang er det tid for at færdiggøre denne kombinerede antiseptiske og smertedæmpende sejd. Vi ved, at Maren Sofie tog en helt særlig stav, som var snittet af elmetræ og gnedet og poleret med bivoks, og førte den langsomt frem og tilbage 9 gange over den sorte gryde med højre hånd; mens hun fremsagde:

"Töfrasproti, hjálpari minn.
Þú berð í álmtrénu kraft fortíðarinnar,
lætur kraftinn vera þeim sem þurfa
á gagni og gleði að halda."

Samtidig hældte hun med venstre hånd hurtigt svaleurtesaften i gryden. Så piskede hun i gryden med sin stav til der dannede sig gulligt skum på overfladen. Nu var sejden principielt færdig; men for at blive klar til indvortes brug, så skulle sejden sies gennem et ostelærred og kommes i en ren lerpotte, som skulle lukkes med trælåg og bivoks. Det frasiede skulle herefter begraves i urtehaven, hvor næste års grønkål skulle sættes.

Denne sejd fra Maren Sofies sorte gryde var særdeles virksom som smertedæmpende og antiinflamatorisk medicin; men hvad var det så, der rent faktisk fik denne sejd fra Agersø til at virke?

- ***Havvand:*** *Salt og mineraler.*

- **Grødrester:** *Resterne af mælkegrød sænkede sejdens surhedsgrad, satte altså et lavere pH-niveau i sejden.*
- **Flintesten:** *Gør det nemmere at holde sejden nede ved grydens bund i bevægelse og medvirker til at reducere risikoen for, at sejden brænder på i jerngryden. Desuden river stenene grødresterne af grydens sider.*
- **Sukkertang:** *Sødestoffet mannitol virker kraftigt blodtrykssænkende og reducerer effektivt hævelser etc.*
- **Humlekopper:** *I de æteriske olier findes mange glykosider, som alle er stærkt antiinflamatoriske. Desuden har stofferne opløsende effekt på nogle af de meget giftige alkaloider.*
- **Baldrian:** *Flere forskellige og kraftigvirkende alkaloider, som virker beroligende og søvnfremmende. Påvirkes ikke af humlen.*
- **Druehyld:** *Indeholder giftstoffet sambunigrin, som er en cyanoglykosid. Denne cyanoglykosid virker i store mængder som effektivt brækmiddel; men i moderate mængder, som i denne sejd, fremmer den fordøjelsen og øger stofskiftet betydeligt.*
- **Honning:** *Propolis, som er sammensat af voks, pollen, antiseptiske flavonoider og harpiks. I propolis indgår tillige forskellige aminosyrer, mineraler som jern, zink, kobber og mangan samt vitaminer. Glucoseoxidase, som i kroppen omdannes til hydrogenperoxid, som har en kraftig antibakteriel effekt.*

- **Røllike:** En række forskellige æteriske olier bestående af bl.a. kamfer, cineol og camisolen, achillein, nogle syrer med lave pH-værdier som fx tannin, isovaleriansyre og salicylsyre. Herudover findes i saften asparagin og nogle flavonoider. Alle disse stoffer virker tilsammen effektivt sveddrivende, blodtryksænkende, antiinflamatorisk, febernedsættende og også stimulerende på fordøjelsen samt beroligende og vanddrivende.

- **Svaleurt:** Saften har en pH-værdi omkring 2, hvilket betyder, at saften er sur og svagt ætsende. Den er også giftig, da den indeholder en lang række alkaloider. Nok så interessant, så indeholder hele planten store mængder af forskellige opioider, som virker kraftigt smertestillende på vort centralnervesystem. De mest kendte er morfin, kodein, heroin, metadon, fentanyl, oxycodon og tramadol.

Fra en ikke-navngiven klog Agersø-kones hemmelige opskriftsamling kendes også til anvendelse af den stærkt giftige plante, **bulmeurt**, indsamlet på Agersøs tørre strandvolde. Når præsten enten ikke ville, eller kunne, uddrive en ond ånd eller dæmon, måtte man gå til kloge folk, som mod betaling kunne den slags ting og hjælpe besatte mennesker tilbage til livet og hverdagen. Den angrebne, eller besatte, blev bundet til en stol i sit hjem. Et bækken med glødende trækul blev placeres tæt ved personen. Så blev der kastet tørrede bulmeurtfrø på gløderne, og en blålig røg udviklede sig. Når røgen så blev indåndet, kom først svimmelhed, så fulgte få minutter efter voldsomme hallucinationer. Straks hallucinationerne begyndte, skulle kulbækkenet bæres ud, for ved fortsat indånding af den stærkt giftige røg fulgte døden! Mange kloge koner og mænd brugte netop disse hallucinationer i mange af deres behandlinger.

Den giftige røg kunne imidlertid være vanskelig at styre med uønsket død til følge. Derfor anså mange kloge koner og mænd heksesalve for at være lidt mindre risikabel. Heksesalven var en ret fed creme med bulmeurt, galnebær og pigæble som vigtigste ingredienser. Cremen var naturligvis til udvortes brug, og effekten var først svimmelhed, så hallucinationer, som kan minde om dem, der følger ved brug af fx moderne, syntetiske stoffer som LSD, og til sidst en dyb og timelang søvn. Blandt tømmermændene kan nævnes stærk hovedpine, synsforstyrrelser, tørst og langvarige balanceudfordringer. Skulle effekten være særlig hurtig og kraftig, eller skulle patienten bedøves, skulle den på kvinder bruges i skeden og på mænd i anus! Efter et sådant trip kunne den pågældende ikke erindringsmæssigt skelne imellem virkeligheden og de hallucinationer, som hjernen opfattede som virkelige hændelser!

Hvad er det så, der skaber de ret vildsomme virkninger, og som er årsag til, at disse midler også var forbudt i gamle dag:

- **Bulmeurt** *(hyoscyamus niger): Hele planten er stærkt giftig på grund af et meget stort indhold af giftstofferne scopolamin og hyoscyamin.*
- **Galnebær** *(atropa belladonna): I hele planten forekommer en stærk koncentration af giftstoffet atropin; men i planten findes tillige andre alkaloider i form af giftstofferne scopolamin, apoatropin, belladonna og scopoletin.*
- **Pigæble** *(datura stramonium): I alle plantens dele forekommer ret høje koncentrationer af giftstofferne hyoskyamin, atropin og scopolamin.*

Set med moderne medicinske briller, så har såvel røgen fra afbrænding af bulmeurt, som brug af heksesalven i form af creme haft voldsomme og ikke ufarlige virkninger! Alle de nævnte planter blev dyrket på Agersø, og man kan stadig hist og her finde efterkommere i haver og hegn.

Æble fra havheksens have på Agersø

33

Psykedelisk syn efter indsmøring med heksecreme

3. Folkesagn

Gårdskarlen og elverpigen

Elverpigen, Galadwen, fra Agersø

En gang, for ubestemmeligt mange år siden, da Peder Laurenssøn tjente som gårdskarl på Tværbjerggaard ude på Gamlevej, havde han været til høstfest inde i Agersø By. Det havde været en herlig fest med øl og dans og dejlige piger, så det var blevet temmelig sent. Peder huskede dog på vej hjem til gården ud på de meget små timer, at han lige skulle tage malkekøerne hjem til gården og malkepigen.

Peder åbnede leddet, og så kendte køerne selv vejen hjem til gården, så han smed sig bare ned i det friske og dugvåde græs bag hegnet. Han trængte virkelig til lidt søvn!

Han havde ikke sovet længe; men pludselig vågnede han alligevel ved, at der stod en ung, smuk pige, nydelig klædt i fineste Agersødragt med de mange grønne farver. Hun pillede ved de fine sølvknapper i hans vest. Først troede Peder et øjeblik, at det bare var en af de skønne piger fra høstfesten:

"Nej! Lad mig være! Jeg gider altsaa ikke mere. Jeg skal sove. Gaa væk med dig!" Alligevel var Peder nysgerrig. Han så, hvor smuk hun var. Helt ubærlig smuk. Faktisk kunne han slet ikke stå imod. Han satte sig op og rakte ud efter hende. Lige idet hun tog hans hånd og trak ham ind til sig, så han hendes spidse øren. Da gik det op for Peder, at det her var helt galt fat. Det var en af elverpigerne nede fra lavningen bag gården! Nu havde han rørt ved hende. Derved havde han accepteret hende. Lige netop sådan sikrer elverpigerne sig, at deres udvalgte bliver dybt

36

afhængige af dem, og at de vil gøre alt for dem og altid at stå til rådighed for dem og elverfolkets tarv.

I starten gik Peder roligt ned og besøgte hende og de andre elverfolk i lavningens fugtige dis tidligt på aftenerne eller lige før solopgang. Næsten hver dag måtte han udføre nye arbejdsopgaver for elverfolket. Til sidst blev det bare for meget. Peder var træt og udslidt. Selvom han sommetider kæmpede særlig hårdt imod og undlod at besøge elverpigen, Galadwen, og hendes elverfolk, så hjalp det ikke. Så kom hun i stedet til ham og ofte på det mest ubelejlige tidspunkt. Peder vidste naturligvis godt, at enten måtte han acceptere alle Galadwens ønsker og krav, og blive gift med hende på elvervis for så altid at være hendes lydige og underdanige mand i elvernes rige, eller få fat i en magisk stav og med den vise hende bort.

Den tredje, og nemmeste, mulighed ville naturligvis være at få præsten med, når han skulle mødes med Galadwen, og så få ham til at læse en stærk Bibeltekst højt og give korsets tegn syv gange. Peder forsøgte gentagne gange at få præsten i tale; men han afviste ham hver gang med henvisning til, at elverfolk, trolde, nisser og den slags tøjeri, bare var gammel overtro. Sådan noget pjat spildte en anstændig præst virkelig ikke sin kostbare tid på! I øvrigt mente præsten heller ikke, at Peder havde råd til præstens hjælp. Peder kunne bare møde op til Gudstjenesterne i Agersø Kirke hver søndag som et anstændigt og Gudfrygtigt menneske! En simpel gårdskarl og et eller andet tilfældigt udenøs pigebarn med et sært navn?

Vor Herre Bevar's! Var der da efterhånden slet ingen grænser for, hvad man på Agersø kunne byde en præst og pastor?

Fodermesteren på gården rådede derfor i stedet for Peder til hurtigst muligt at gå til en af øens kloge koner og købe sig en kraftfuld stav. Med den kunne han så jage elverpigen på flugt. Ja, måske jage hende helt over til Omø! Efter et par dages betænkningstid, valgte Peder at gå til den kloge kone i Agersø By velvidende, at hun ikke var billig. Som gårdskarl tjente han ikke meget, så han vidste godt, at han måtte arbejde stavens pris af for den kloge kone. Han ville dog noget hellere arbejde ekstra for hende fremfor den sure og stivsindede præst.

Hun spurgte grundigt ind til både elverpigen og til, hvad Peder selv havde gjort, så hun kunne få indtryk af, hvor bundet han allerede var blevet til pigen og hendes folk. Den kloge kone mente, at sagen var så alvorlig, at Peder ikke selv med en ny og kraftfuld stav ville kunne komme fri af elverfolket uden særlig hjælp. Derfor tilbød hun straks Peder at gå med ham til møde med den skønne Galadwen for at sikre størst mulig kraft i staven. Det blev det ikke billigere af. Et kort øjeblik overvejede han faktisk, hvorvidt det måske alligevel ville være bedre at gifte sig med Galadwen og blive hendes lydige og underdanige ægtemand for altid? Den kloge kone mente ikke, at den stav hun anvendte til dagligt brug, ville være kraftfuld nok. Hun skulle bruge syv dage på at fremstille en ny og endnu mere kraftfuld stav. Det måtte Peder acceptere. Den

38

kloge kone kunne dog give ham det særlige råd at sy sine sølvvesteknapper ekstra godt fast. Det skinnende sølv tiltrak ganske vist elverne; men det umuliggjorde også, at en af elverne, for eksempel Galadwen, kunne skade Peders sjæl! Når elverfolket fik fat i sølv, smeltede de det straks om til pilespidser. En pilespids i sølv kunne gå ret igennem en voksen mand, og han ville aldrig overleve skuddet! En elver kunne derimod ikke skades af en pil med sølvspids.

Efter syv hårde dage med arbejde hjemme på Tværbjerggaard og med den evigt lokkende og smukke og fristende Galadwen tæt om sig, kunne Peder endelig igen banke på døren til den kloge kones lille bitte, hvidkalkede hus inde i Agersø By omme ved gadekæret. Nu måtte det så briste eller bære. Betalingen aftalte de først. Peder skulle ordne hele den kloge kones toft, altså både kålgården, abildgården og den kæmpestore urtegård med alle den kloge kones hemmelige urter! Det ville blive ufatteligt stort og hårdt arbejde. Han kunne jo ikke bare rende af gårde, så det måtte blive hver tidlig morgen og hver aften i mange, mange dage. Den kloge kone tilbød dog, som alternativ, at Peder kunne gifte sig med hende, og på den måde slippe for arbejdet ude på Tværbjerggaard? Den ordning kunne han dog slet ikke forestille sig, så det måtte altså blive hårdt arbejde og lange dage.

Den kloge kone viste Peder den ny, kraftfulde stav. Hun ville dog ikke fortælle noget om, hverken hvad den var lavet af, eller hvilke hemmelige kræfter den havde fået indgivet. For Peder var det alligevel også ren trolddom og magi. Måske den kloge kone i virkeligheden var en heks? De aftalte at gå sammen ned til de fugtige enge næste dags aften. Når så Galadwen dukkede op, skulle Peder tie stille og i det hele taget lade som om, det slet ikke havde noget med ham at gøre. Han skulle forberede sig på, at de måske måtte gå helt ud til Østerhoved for at møde elverfolket.

Tiden sneglede sig afsted; men endelig kom aftenen og sommeraftendisen, så de to kunne begynde at gå ud mod elverfolket. Allerede lige, da de, som aftalt, mødtes ude for enden af gårdens lange indkørsel, dukkede Galadwen op. Den kloge kone mindede Peder om, at han skulle tie stille, holde sig et par skridt bagved hende og i øvrigt følge med og gøre, som der blev sagt. Galadwen rakte kærligt ud efter sin Peder, og han havde umådeligt svært ved at modstå hende; men i samme sekund han skulle til at tage hendes hånd, trådte den kloge kone ind foran ham og stillede sig imellem dem. Hun løftede sin stav og tegnede figurer i luften med den. Galadwen stivnede, hendes øjne blev nærmest sorte af vrede. Den kloge kone fortsatte og udtalte så med en underlig messende stemme disse ældgamle fortidsord:

> *"Jeg bryder med Staven min din Bane. Jeg vender din Lykke til ham uden dig og dine. Jeg bryder Magien, du kommer med fra Elvernes Rige. Jeg bryder din Bane og sender dig tilbage, hvorfra du kom. Lad taagernes Land dig opsluge for evigt!*

Farðu með orsökina afturkallaða. Taktu
fólk þitt með þér úr Agersølandi."

For første gang hørte Peder elverpigen,
Galadwen, tale, da hun med sin lyse, og dog så varme,
stemme, svarede den kloge kone på denne
besværgende vis:

> *"Jeg gaar nu fra min rette Mand, som jeg*
> *overlader til dig. Min Magi er ogsaa stærk.*
> *Han skal nu blive din Mand og ingen*
> *andres! Ég og fólkið mitt dveljum í Agersø*
> *að eilífu, og det ved du godt allerede!"*

Galadwen vendte dem ryggen, og hun gik stolt
afsted med knejsende nakke og sit lange, løse hår frit
flagrende i vinden, der drev ned over Tværbjerg. Hun
forsvandt ud mod de fugtige enge og den blå dis. Peder
var totalt forvirret i sit hoved. Hvad nu? Noget
mærkeligt skete i hans tanker. Han begyndte langsomt
at synes, at den kloge kone både så ret godt ud og slet
ikke var så gammel og sær, som han først havde troet?
Hun tog sin bredskyggede og spidse hat af og lod håret
være løst. Hendes meget lange og kraftige,
kastanjefarvede hår med det rødlige skær kastede den
nedgående sols stråler tilbage til ham med et smukt,
varmt og gyldent skær. Det gav ham en ny og
anderledes glæde i sit bryst.

> *"Du faar en allersidste Chance for at vælge. Vil du*
> *arbejde din Betaling til mig af samtidig med dit Arbejde*
> *som Gaardskarl, eller vil du gifte dig med mig? Jeg*

41

spørger ikke en gang til; men tænk over Galadwens ord og magiske Kraft!" Peder tænkte sig længe og langsomt om; men besluttede sig til sidst:

"Kan du virkelig faa Præsten til at vie os?"
"Ja! Hverken Præsten eller andre paa hele Agersø kan undvære mine Evner og min Kraft. Ingen tør heller gaa mig imod eller tale bag min Ryg for alvor. Det vil du ogsaa faa Glæde af, hvis du er en Mand i min Seng og arbejder flittigt hver Dag."

Den kloge kone blev også gift med Peder gårdskarl. Sammen fik de ikke mindre end 3 raske og velskabte børn, og de levede lykkeligt til deres dages ende.

De underjordiske kan komme frem alle steder

Moderne magisk stav i elmetræ fra Agersø

4. Folkesagn

Stavens magt

De fleste kender tryllekunstnerens stav i cirkus eller på scenen. Mange har også ladet sig fascinere af Harry Potters magiske stav. Man kan i butikker eller på nettet vælge imellem et enormt udvalg af forskellige stave. Mange af dem er også rigtig flotte. De er vældig gode til leg og rollespil; men de rummer hverken magi eller kraft eller særlige energier. De er til hyggelig underholdning.

Man har kendt til stave med særlig kraft i årtusinder. Noget nyt fænomen er det således ikke på nogen måde. Det nemmeste er naturligvis bare at afvise, at staven overhovedet har anden funktion end at få brugeren til at virke betydningsfuld. Staven er på mange måder også et symbol på magt og værdighed. Det kender vi bl.a. fra kongemagtens scepter; men også fra så vidt forskellige sammenhænge som de græske guder og de keltiske druider. En stav i hånden på den lokale kloge kone eller mand, det viser et åndeligt slægtskab bagud med både troldmænd og hekse.

Staven i sig selv er blot en pind, en gren, en stang eller lignende. Den er en invitation til at dirigere nogle energier, og de skal komme fra den, der er stavens aktuelle bærer! Af de fire klassiske elementer, så repræsenterer staven elementet luft. Det er vigtigt at huske, at staven inviterer bæreren til at hidkalde og kanalisere de kræfter og energier, som denne person selv opbygger i sig, og som personen er i stand til at bringe videre. Den, der fremstiller staven, er således uden betydning for stavens kraft; men altafgørende for stavens muligheder for bæreren. Det er fremstilleren, der skal have den dybe viden om materialerne og disses egenskaber og muligheder. Det betyder, at fremstilleren skal råde og vejlede en stavs bruger til at finde den rette stav til de ønskede formål. Fremstilleren skal således kombinere brugerens evner med en stavs materialeegenskaber!

En stav er et praktisk redskab, et hjælpemiddel. Magi og dirigering af kræfter og energier kan udmærket udføres uden redskaber; men redskaber, først og fremmest en stav udført i de rette materialer, gør det nemmere og hurtigere fx at dirigere energier derhen, hvor man ønsker det, ligesom staven også skærper vor koncentration.

Stave fremstillet på Agersø kunne være af enten gammelt asketræ, ungt elmetræ eller gammel slåen. De moderne stave, der fremstilles på Agersø, er i dag næsten udelukkende af tørret elmetræ; men der kan stadig bestilles stave i asketræ, og det er dem, der er særligt eftertragtede også udenøs. De moderne stave er også ofte i deres form- og navngivning inspireret af Johanne Kathleen Rowlings meget kendte fantasyfigur, troldmandslærlingen Harry Potter, og ikke af Agersøs ellers gamle tradition for stave til kloge koner og mænd og måske hekse og troldmænd.

Følger vi nogle af de traditionelle anvisninger på fremstilling af Agersøs berømte stave, så var de fleste snittet af asketræ; men de forekom også i hyld, slåen og hassel og i mindre omfang af elm. Asketræ har vist sig bedst til kunne bære store energier, hvorimod elm hurtigt bryder sammen ved kraftigt brug af staven. En stav i elm var derfor en fortrinlig begynderstav.

Når så en stav var blevet snittet færdig skulle den hvile i 3 dage. Derefter kogtes den en time i trætjære, og blev derefter taget op til lufttørring i 7 dage. Så var staven klar til at blive åbnet for en kommende bærers kraft og energi, når der var læst ord over staven. En dag, hvor vinden var i øst og solen stor højest på himlen, skulle de gamle ord så under åben himmel læses over staven:

"Paa denne Stav af Askens Træ skal Agt nu gives. Tankers Kraft velsigner den og aabner for en enkelt Bærers Magt. Stavens Styrke skal samle Energier til Viljens Magt, saa alt er vel i Evighed."

Når ordene så var blevet læst 3 gange over staven, blev den med venstre hånd poleret til højglans med gammel, mørk bivoks, og der blev slået et lille stykke metal eller et lille jernsøm i staven. Herefter skulle den hvile i fred og mørke mindst 9 dage. Når den tid var forløbet, kunne en bærer tage staven til sig og efter evne modtage stavens invitation til brug. Hver gang før brug skulle staven blidt gnides med en tør, blød klud. En vigtig tradition på Agersø var også, at når fremstilleren overdrog staven til den kommende bærer, skulle der følge et vættelys fra en af veststrandene med og en tørret, blå cikorieblomst fra en vejkant skulle være bundet til staven. Staven kunne kun anvendes, når brugeren havde vættelyset og den tørrede cikorieblomst på sig i fx en lomme.

I modsætning til de moderne troldmands- og tryllestave, man i dag kan købe, så var der ikke påsat håndtag på Agersøstavene; men i den tykke ende af staven var den snittet, så den var håndvenlig at holde på under brug. Stavene var heller aldrig helt lige. Der skulle være en over- og en underside, hvilket var vigtigt, når særlig store energier skulle administreres præcist og retningsbestemt.

Desværre har vi ikke overleveret i hverken den mundtlige tradition eller i de skriftlige kilder nogle navne på bærere af disse stave. Årsagen hertil er muligvis den simple, at en aktiv bruger af en stav i tidligere tider ville blive anset for at være troldmand eller værre, en heks!

Man kan udmærket i dag fremstille gode og funktionelle stave til den rette bærer, til kloge koner og mænd og til troldmænd, og måske også til hekse, som et højt specialiseret værktøj. Det kan bruges af bæreren i mange sammenhænge, og ikke nødvendigvis altid i en verden af magi. De bruges til at kanalisere deres magi og særlige viden og hjælpe dem med at udføre fx besværgelser. En stav er en meget personlig genstand, og det kan være en ret skræmmende opgave at vælge den rigtige stav.

47

Stavens kerne er den vigtigste del af staven; men er den på Agersø fremstillet af asketræ eller af slåen, så leder træet i sig selv fint uden en særlig indskudt kerne. Kilden til dens kraft ligger i kombinationen af træet, den særlige fremstillingsproces og bærerens modtagelighed for stavens invitation. Hver stav er unik med eller uden indskudt kerne. Betydningen af en stav er meget vigtig for en bærer af staven. Det hævdes tilbage fra Arilds tid, at det er staven, som vælger sin bærer, ikke omvendt!

Man kan konkluderende sige, at alle og enhver kan eje en stav, også en af de særlige Agersøstave; men kun de få har åbenhed og evner for at lære at bruge staven til andet og mere end at pege med!

Som en moderne forståelsesramme for uforklarlige ting og fænomener benytter mange i dag begrebet "Fantasy;" også om det, som andre måske, vil kalde overnaturlige evner som fx at være aktiv bærer af en stav fra Agersø. Disse måske overnaturlige evner kan besiddes af både mennesker, dyr og overnaturlige væsner. Mennesker med overnaturlige evner, eller forbindelse med overnaturlige væsner, kaldes ofte for et medie, en troldmand eller en heks, skønt det vel i grunden blot er en klog kone eller mand? En ekstrasensorisk perception beskrives ofte som "den 6. sans," og er evnen til at opfatte ting uden brug af de fem almindelige sanser. Studiet af det overnaturlige kaldes for parapsykologi.

Om det er et parapsykologisk fænomen eller bare er en særlig evne, som endnu ikke har kunnet beskrives med kendt logik og rationalitet, det er op til den enkelte at beslutte sig for. Man kan også bare nøjes med at glæde sig over, at der faktisk er mennesker med evner til at være bærer af fx en Agersøstav.

Symbolsk storhed over stavene fra Agersø

Fra det vilde ridt over Tværbjerg

5. Folkesagn

Det vilde ridt over Tværbjerg

Fælles i både nordisk og keltisk tradition kommer de vilde ridt farende i stormfulde vinternætter. Der kan være tale om jagtselskaber, som fx det, der fortælles om ved Kalø Slotsruin på Djursland. Der kan være tale om hvileløse kongers endeløse søgen efter evighedens fred, sådan som det fortælles om kong Valdemars vilde ridt mellem Gurre i Nordsjælland og Hellesø i Hornsherred. Det kan være spejlinger af tidligere tiders blodige kampe ved krig eller fejde som fx på Grate Hede i Jylland; men det kan også, som på Agersø, være en hedensk vikingekonge på evigt togt! Der går mange fortællinger på øen om både mænd og kvinder, der aldrig vendte tilbage fra Tværbjerg.

Når vinterstormene rusker vildt ude fra havet og farer ind over landet syd for Agersø By, så bør ingen færdes ude i nattemørket på den del af øen! Står man alligevel ude i vinternatten, hvor blæsten hyler i ens kolde øren, og der så pludselig høres lyd som af hastige hestehoves torden, så kig op. Hvis du tør! Det glimter fra de vilde, flossede skyer og et fantastisk skue udfolder sig for beskuerens øjne. Den vildeste vikingehær kommer farende med fantomheste. Gnisterne står ud fra hestenes flagrende man. Glammende spøgelseshunde med lysende øjne. Besærkere bag blodrøde skjolde og et vældigt følge af bevæbnede krigere i tykke skindkapper. Sidst kommer det næsten uendelige trælletog. Forrest nåede du

51

måske lige at se den store, Asatroende vikingekonge, Horik den 1. Store, fra 800-tallet og hans senere fjerne slægtning, høvding Agger fra Agersø? Agger ses ved kongens højre side. Den stærke vikingehøvding lagde i 980 navn til øen, da han, skønt Asatroende, fik den som tak for tro tjeneste hos den kristne Harald Blåtand. Netop fordi Agger var hedning, er han fordømt til ind i evigheden at følge kong Horik den Stores vilde ridt over Tværbjerg og havene omkring!

Når det vilde ridt suser afsted med alle deres døde og udøde og flænger uvejrshimlen hen over Tværbjerg, så jager de kristne sjæle. Trællenettet truer alle levende mænd og kvinder. Kig aldrig op på dette utrolige skue. Få aldrig øjenkontakt med nogen i det vilde følge. Sker det, må du for evigt trælle i dette vilde natteridt.

Tværbjerg en sommerdag

Poltergejsten i Agersø Kirke

6. Folkesagn

Poltergejsten i Agersø Kirke

Et almindeligt genfærd eller spøgelse kan i sig selv være skræmmende; men de repræsenterer fx ikke målbare spændingsfelter eller energier. Et genfærd i et gammelt hus er også yderst sjældent ondskabsfuldt eller generende. En poltergejst repræsenterer derimod målbare kinetiske energifelter og energiudladninger. Derfor kan de være meget farlige! Det er fortsat uklart, hvad eller hvem, der frivilligt eller ufrivilligt kan påkalde en poltergejst, hvilket gør dem ekstra uforudsigelige. Vi ved, at der er en poltergejst knyttet til Agersø Kirke!

I 1691 byggede man en fin ny kirke i bindingsværk og med tangtag på Agersø. Efter mange års brug og fornyelser trængte den dog til afløsning. Bl.a. med pastor Niels Christian Alles hjælp lykkedes det i 1805 at skaffe både midler og materialer til at bygge en ny, moderne kirke i mursten. Allerede kort efter indvielsen viste det sig, at noget var helt galt! Præsten, Laurits Johansen Svendsen, forsøgte sig med noget djævleuddrivelse; men uden resultat. Tingene blev konstant flyttet rundt i kirken. Der var altid kirkebænke, der brød sammen. Lysekronen faldt ned. Der blev kastet ting og sten ud gennem vinduerne. Når præsten eller degnen stod med teksterne til dagens læsninger, så vendte bladene sig af sig selv, som var der gennemtræk i kirken.

54

I 1846 tiltrådte Christian Linde Holst embedet. Han var ikke i tvivl om, at en poltergejst huserede i kirken. På en eller anden vis lykkedes det præsten at opnå en slags aftale med poltergejsten, så den kun huserede ude på kirkegården og i kirkens tagværk. Det sled dog i den sidste ende kirken helt op, så den til sidst blev farlig og derfor ganske ubrugelig.

I 1872 kunne man så på Agersø rive den gamle kirke ned og indvie den nuværende kirke. Arkitekten, J. D. Herholdt fra København, troede ikke på poltergejster og den slags; men gik dog, som kompromis, med til, at kirkeskibet ikke, som ellers planlagt efter forbillederne på Strynø og i Verona, skulle være med tagkonstruktion åben til kip. Derfor har Agersø Kirke lukket tagrum over et bræddeloft. Kort efter indvielsen af den ny kirke, måtte pastor Hans Peter Carl Theodor Ostenfeld dog konstatere, at den var gal igen inde i kirken. Det lykkedes alligevel pastor Ostenfeld på en eller anden måde at tale poltergejsten nogenlunde til ro, så den kun sjældent lod sig mærke med sin eksistens. Alle på Agersø ved dog, at den er i kirken den dag i dag, og den når som helst risikerer at slippe helt fri igen. Sker det, ved ingen, hvad der kan ske?

En interessant lokal overlevering nævner i øvrigt pastor A. C. Winther som den egentlige initiativtager til i 1920 at indkalde sin præstekollega, Karl Langbein Toft, til at udføre et stort altervægmaleri i skønvirkestil. Hensigten skulle efter sigende have været, at motivet med vintræet og drueklaserne simpelthen skulle forvirre poltergejsten, så den blev for træt til for alvor at genere i kirken!

Er det muligt at forklare, hvad en poltergejst er? Almindeligvis karakteriserer man fænomenet som "overnaturligt" eller "paranormalt." Overnaturlig eller paranormal er en beskrivelse af hændelser eller væsner, som er over naturlovene. Overnaturlige fænomener kan normalt kun forklares med andre overnaturlige fænomener. Derfor kan de per definition netop ikke undersøges med almindelige, kendte og accepterede empiriske metoder. De kan altså ikke forklares videnskabeligt. Teologisk kan fænomenet heller ikke forklares.

Et eksempel på det er de mange skabelseshistorier, hvor et overnaturligt væsen, som fx Gud, skaber universet, jorden, tiden, mennesker og dyr. Skabelseshandlingen er overnaturlig; mens resultatet ikke er det mindste overnaturligt, for det er vi alle selv en aktiv del af som levende væsner. Med dette synspunkt bliver også en poltergejst til et parapsykologisk fænomen, og dermed alligevel nemt forklarligt for en moderne, rationel tankegang.

Måske en poltergejst i virkeligheden er noget, der er endnu enklere at forstå? En poltergejst repræsenterer nemlig målbare kinetiske energifelter og energiudladninger. Ifølge Danmarks Tekniske Universitet, så er kinetisk energi den energi, et legeme har i kraft af sin bevægelse. Et legeme, der bevæger sig i forhold til et andet legeme, kan sætte det i bevægelse ved at støde ind i det. På samme vis kan et energifelt i bevægelse i forhold til et eller flere andre energifelter sætte disse i yderligere bevægelse. Når det sker, kan ting forsvinde, blive flyttet eller påvirke andre ting og disses placeringer i rummet. Nogle beskriver det fænomen som telekinese eller psykokinese; men dybest set er der blot tale om energifelter, der flytter sig eller energi, der ændrer sig fra en form for energi til en anden, så et rigtigt overnaturligt fænomen er en poltergejst altså ikke i virkeligheden.

Agersø Præstegård fra 1864

Trolden på Helholm er ved at forstene!

7. Folkesagn

Den forstenede trold på Helholm

Vi ved det jo godt alle sammen: Troldene blev skabt i mørket, og i titusinder af år var landet dækket af is og sne. Da mørket forsvandt, og isen var smeltet, ja, så var troldene der, da vi mennesker indvandrede! Selv ude på de mindste øer, som fx Agersø, der var troldene allerede, og de er her såmænd endnu. Selvom det måske aldrig blev helt godt, så lærte vi at leve med hinanden. Der findes flere end 3.000 danske stednavne med "trold," så de er ikke til at komme udenom. De gamle folkesagn og folkeminder fortæller os, at troldene foretrækker at bo i gamle gravhøje eller bakker, i klipper eller meget store sten. På Agersø har landmændene desværre overpløjet alle gravhøjene, der er ingen klipper, og de store sten er for længst hugget til skærver og brugt som fyld i vore veje og gader og stræder. Af bakker er der kun Tværbjerg, og der kan de selvfølgelig ikke alle bo. Derfor bor troldene på Agersø i de mange jordfaldshuller, så dem skal man holde sig fra!

En af troldene fra Agersø kom i 1578 helt galt afsted. Folkene ude på Omø var netop færdige med at bygge en lille trækirke med tilhørende klokke i stabel. Trolde bliver, som bekendt, dødeligt syge af kirkeklokkeklang. Sydvestenvinden bar hver dag klokkens klang over til Agersø og troldens sarte øren. Derfor måtte trolden fra Helholm afsted over vandet for at rive den ny kirke ned igen. Desværre sover trolde ofte længe, og dovent anlagte er de også. Netop som trolden temmelig sent var på vej fra sit hul og ned til sin båd i strandkanten, brød morgensolens første stråler igennem skyerne og ramte trolden! Når solens stråler rammer en trold, bliver den til en sten. Han står der endnu frit til skue for alle. Husk blot, at står man ved en forstenet trold og taler grimt om trolde, eller hvis en kvinde lyver om sin jomfrudom, så bliver trolden straks levende igen og farer efter en! Helholm er et farligt sted på Agersø.

Hvor kommer troldene egentlig fra? Vi ved det faktisk ikke; men sagn, fortællinger og rygter er der mange af. Den norske turistindustri mener selvfølgelig, at alle trolde bor i Norge. Det ved vi andre imidlertid godt, både i Danmark, Sverige, Skotland, Færøerne, Island og Rusland, at det slet ikke passer. Overhovedet ikke! Vi har faktisk de samme gamle folkesagn og fortællinger om troldene, som man har i Norge. Der er ingen forskel overhovedet på det.

At trolde er mytiske, menneskelignende væsner i den skandinaviske og russiske folketro, det kan vi godt enes om. De beskrives dog noget forskelligt: Fra venlige kæmper til djævelske menneskeagtige skikkelser og alt derimellem. De gengives oftest med grove eller groteske træk, lettere overvægtige, med kun fire tæer på hver fod, og med kun fire fingre på hver hånd. De lever for det meste i det skjulte, de er tyvagtige, meget stærke og lidt dumme. De kan finde på at bortføre mennesker, oftest børn, der så udskiftes med deres egne troldeunger, som vi kalder skiftinger.

Moderne antropologer og folkemindesamlere har flere gange foreslået, at alle fortællingerne rummer en kerne af noget helt faktuelt, og at trolde som levende væsner i beskrivelserne, måske i virkeligheden er en del af en fælles ældgammel erindring om mødet med neandertalere efter sidste istid? Ingen kan vide det med sikkerhed; men muligvis giver det mening i det lange perspektiv? På den nøgterne baggrund falmer det måske lidt, at de opklappede lapidarier på Agersø Kirkegård i folkemunde betegnes som "Agersøs troldegrave?"

Værd at vide om netop denne forstenede trold er måske, at der af historikere er bragt tvivl om, hvorvidt det måske i virkeligheden er en af de mange bautasten, som vikinger rejste til minde over enten en god kampfælle eller til markering af egen, ny jord?

Hertil og ikke længere, hvis man vil undgå trolden!

8. Folkesagn

Agersøs store gamle asketræer

De mange gamle asketræer på Agersø fortælles at være ægte afkom fra selveste Yggdrasil, verdenstræet, livets træ i nordisk mytologi. Alle har de da også overlevet det 20. århundredes alvorlige askesyge og stortrives. Mange på øen kan godt ind imellem være lidt irriteret på de store asketræer; men alle ved godt, at de er urørlige, og når den sidste ask er fældet, vil Agersø synke i havet uanset mulige klimaforandringer!

Adskillige nulevende øboere har til deres store overraskelse også oplevet, hvor forunderlige disse gamle træer kan være. Mange tror ikke deres egne øjne, og de er også sjældent meget for at fortælle om deres oplevelse bagefter. Her kommer imidlertid en helt frisk fortælling fra en af de seneste af vore våde vintre. Jeg har lovet, at fortælleren må være anonym!

Det var en sen, våd og blæsende aften, at det ubegribelige skete. Højvande var det også. Mørkt var det. Det regnede uophørligt. Pludselig var det, som et eller andet bevægede sig udenfor stuens vindue? Det kunne være blæsten, der havde fået fat i et eller andet. Det kunne være nogen, der gik forbi ude på gaden på vej til aftenens sidste færge, eller var det kun indbildning? Nej! Det var de tre største og ældste af Agersø Bys kæmpestore asketræer med deres myriader af krogede grene, der holdt ældsteråd. Asketræerne fra Storegade og Tværgade vandrede på besøg hos den største iblandt dem, giganttræet på det højeste punkt i byen ved Lillegade. Herfra kunne træerne overskue ikke blot hele Agersø; men selv i nattemørket på asketrævis se helt til de andre asketræer ovre i Fyns land, på Langeland, Sprogø, Omø, Lolland, Vejrø, Glænø, Fejø, Femø og på Sjælland. For Yggdrasils børn var Agersø det vigtigste sted i Østersøens vældige delta. Herfra kunne de hurtigt på asketræsvis kommunikere med hele deres verden.

Hvad kæmperne talte om, eller hvad de besluttede, det ved ingen. På Agersø ved alle dog udmærket, at øen og asketræerne er afhængige af hinanden. Derfor kan det kun være gode og rigtige beslutninger, så der fortsat altid vil være trygt og godt at være.

Regnen hørte op, kun dryppene fortsatte. Hele øen, og verden med, var som forfrisket og fornyet gennem en ældgammel hemmelighedsfuld pagt, som ingen udenøs nogensinde vil kunne fatte og forstå. Atter puslede det i mørket og blæsten udenfor ruderne. Asketræernes møde var slut, og kæmperne vandrede langsomt hjem til deres vante pladser i Agersø By. Et ærinde var udført. Beslutninger var truffet. Alt var som før. Eller var det?

Den glade jordemoder på Agersø

9. Folkesagn

Jordemoderens rigdom

En gang for mange år siden da Agersøs jordemoder træt var på vej hjem efter en hård fødsel, måtte hun lige hvile sig på bænken ved gadekæret. Det var helt stille og roligt. Pludselig sad der en stor, tyk og fed frø på brinken og kiggede op på hende. Den var så tyk, at den nærmest var rund, og den så ud til dårligt at kunne flytte sig ved egen hjælp. Jordemoderen så medlidende på frøen og sagde, nærmest i spøg:

"Naah, du skal nok snart barsle. Maaske faar du saa Brug for min Hjælp?" Så rejste jordemoderen sig og spadserede langsomt hjem til sit lille hus omme i et af stræderne.

Nogle få dage senere bankede det en sen aften uventet på hendes gamle, grønmalede dør. Udenfor stod en af troldene ude fra Tværbjerg! Jordemoderen blev selvfølgelig noget forskrækket. Trolden beroligede hende hurtigt og fortalte, at hans kone, troldkællingen, skulle til at føde for første gang. Nu bad trolden så mindeligt jordemoderen om at komme til hjælp, for det så ikke for godt ud. Jordemoderen havde ikke megen lyst til at hjælpe en skifting til verden; men så sagde trolden:

"Den tykke Frø, du forleden saa ved Gadekærsbroen, det var faktisk Troldkællingen, der havde skabt sig om til en Frø. Den slags kan vi Trolde jo

66

gøre. Hun havde gjort det for at faa Fred for nysgerrige Blikke til at slappe af i det lune Vand. Ved Gadekæret lovede du hende Hjælp, hvis det blev nødvendigt, og det er det nu!" Så ombestemte jordemoderen sig. Trods alt kunne hverken hun eller andre ordentlige folk svigte sit eget ord. Hun fulgte med trolden ud til hulen i Tværbjerg.

Jordemoderen kunne sit fag. Hun sørgede for, at fødslen alligevel gik godt, og en ny lille skifting kom til verden. Som betaling modtag jordemoderen tre stykker kul, og trolden rådede hende til at gemme kulstykkerne til svære tider. Jordemoderen var forvirret og forstod ingenting; men fulgte dog alligevel troldens råd.

Årene gik. Jordemoderen havde for længst glemt alt om oplevelsen ude i Tværbjerg; men så døde hendes mand af en svær sot, og det blev vanskelige tider for hende. Så kom hun i tanker om kulstykkerne, hun havde fået af trolden som betaling for fødselshjælpen. Da hun tog dem ud af sækken, så hun, at de nu var blevet til tre stykker af det pureste guld!

Man kan altid stole på en trold, for troldene er for dumme til at kunne finde ud af at lyve, sådan som vi mennesker ofte gør!

Hansine Heksefinder i søndagskjolen

9. Folkesagn

Heksefindersken Hansine

Der var en gang en yngre, barnløs husmandskone på Agersø oppe mod nord. Desværre er det ikke lykkedes at identificere hverken hende eller husmandsstedet; men fornavnet, Hansine, og øgenavnet, "heksefinderske," står dog fast!

Hverken i skriftlige kilder eller i de gamle retsprotokoller fra Skælskør fremgår der noget om hekse på Agersø. Hansine Heksefinderskes virksomhed er derfor det eneste, som antyder, at der alligevel har været hekse på øen.

Hansines rekvisitter som klog kone var bændler, tøjstykker og sømbeslåede træsko. Når hun læste sine hemmelige ord over tingene, fik de en særlig kraft. Når Hansine arbejdede som klog kone, så var hun altid klædt i sin fineste søndagskjole. Kjole og forklæde var rødt, skønt de dominerende farver på Agersø ellers var mørkegrøn og sort.

En gammel familieberetning på Agersø fortæller om en gårdmand, der blev meget syg og måtte ligge til sengs længe. På et tidspunkt sendte gårdmandens hustru så tjenestepigen, Nielsine, afsted til Hansine Heksefinder for at få hjælp til sin syge mand.

Hansine Heksefinderske sendte så Nielsine tilbage til gården for at hente en af gårdmandens skjorter, et af bændlerne fra fruens natkjole og gårdmandens træskostøvler. Imens stuepigen hentede tingene, målte Hansine så 7 stykker rødt uldgarn op i længder på hver en kvart alen. Da pigen var tilbage med tingene, lagde Hansine dem op på sit bord sammen med de røde uldsnore, og læste sine hemmelige, gamle ord over det alt sammen. Tre dage senere var gårdmanden blevet rask, og Hansine kunne modtage sin betaling.

Hansine havde imidlertid også slået fast, at det var hekseri, der havde lagt gårdmanden i sygesengen. Ydermere havde hun kunnet udpege heksen til at være en ellers vellidt enke fra Agersø By. Kun få dage efter, at Hansine havde udpeget hende som den onde heks, blev heksen tvunget til at forlade øen, og hvis hun gjorde det frivilligt, ville bylaugets oldermand ikke angive hende til fogeden ovre i Skælskør.

Moderne vindfløj med traditionel heksefigur

Kærlighedens poesi

71

10. Folkesagn

Mølleren med to koner

Ude på Helholm ved den store, gamle stubmølle, boede en gang en glad og driftig møller og hans hustru. Mølleren tjente gode penge på de mange skibslaster korn fra alle øer i Smålandshavet og kystegnene med, som skulle males på hans fine mølle.

Pludselig en dag var møllerens kone forsvundet, da han kom hjem fra sin daglige ridetur ind til Agersø By. Mølleren, hans svende og tjenestefolk ledte overalt; men helt forgæves. Mølleren savnede sin kone; men borte var hun. Årene gik. På et tidspunkt opgav han nogensinde igen at få sin savnede hustru at se. Han fik fogeden ovre i Skælskør til at erklære hende for død.

Så skete det en dag til øens store, traditionsrige høstfest, at mølleren faldt for en sød og smuk enke. De blev gift i Agersøs Kirke, og levede et godt og lykkeligt liv sammen. Mølleren fortsatte selvfølgelig med sine daglige rideture.

En juleaftens eftermiddag kom han på sin ridetur i snefoget og i mørkningen forbi den overpløjede gravhøj vest for den gamle vej mod syd. Højen var vokset op igen og stod nu på seks gloende ildsøjler. Troldene holdt fest, dansede og svirede lystigt derinde. Aldrig før havde han set et lignende mageløst skue!

Pludselig opdagede han, at hans kone var med i dansen derinde. Hun havde sit lange, mørke hår flettet i en lang fletning, der nåede hende ned til lænden. Uden at tænke over risikoen, sporede mølleren sin hest og jog ind midt i vrimlen. Han greb sin kone hårdt i fletningen, trak hende op på hesten og red i flyvende galop afsted ud af højen igen. Tumulten var voldsom, og en større gruppe af vrede trolde styrtede afsted efter ham. Mølleren kendte godt til troldene, så han red sin hest på tværs af markernes plovfurer, for så kunne troldene ikke følge ham. Ingen trold kan klare at gå eller løbe på tværs af plovfurer uden at blive til sten! Troldene måtte derfor løbe en temmelig stor omvej. Derfor nåede mølleren helskindet helt hjem til møllen og stuehuset.

Nu havde den gode møller så lige med et fået sig to koner! Han ville imidlertid ikke undvære den ene for den anden og beholdt dem begge hos sig. De levede alle tre lykkeligt sammen i mange år. Kun præsten ved Agersø Kirke nægtede dem at komme der, så de måtte sejle over til Skælskør, når de skulle til kirke.

Stubmøllen ved Helholm opført i 1743

Havfruen som Fisker-Svend mødte

11. Folkesagn

Fisker-Svend og havfruen

Fra næsten alle Smålandshavets mange øer myldrer det med fortællinger, hvor fiskere har mødt havfruer og havmænd. Der er især en fortælling fra henholdsvis Agersø og fra Vejrø, som er ret dramatiske og i øvrigt ligner hinanden temmelig meget.

En af kystfiskerne på Agersø, Fisker-Svend, som var enkemand, var kendt for at holde sig mest for sig selv. En augustnat sejlede han afsted i måneskin for dels at stryge rejer, dels at stange ål. Vejret var roligt og havet spejlblankt. Månen spejlede sit sølvlys langt ud over Østerhoved Flak og Mølledybet.

Uventet dukkede et vidunderligt syn op for fiskeren. Det var en smuk kvinde, der langsomt dukkede op af vandet med en gylden harpe i hånden. Hun havde de smukkeste bryster og den flotteste fiskehale med grønne, blanke skæl. Fisker-Svend havde i forvejen strøget sejlet. Nu lagde han også årerne op og lod båden drive langsomt nærmere og nærmere til havfruen lige derude. Harpens toner, og hendes blide stemme, fyldte Fisker-Svends opmærksomhed fuldstændig. Lidt efter begyndte havfruen at bevæge sig langsomt til havs. Fisker-Svend fulgte med. Han kunne slet ikke lade være. Først da han fuldstændig havde tabt land af syne, standsede havfruen op og så Fisker-Svend direkte i øjnene.

"Hvor har jeg dog ventet længe paa dig. I lange Tider har jeg fulgt dig på Havet og langs Agersøs Kyster. Du saa mig aldrig. Følg du nu med mig ned til mit Slot nede paa Havsens Bund. Der skal vi to leve lykkeligt sammen." Fisker-Svend kunne overhovedet ikke stå imod. Han lod sig glide ud af båden og ned i dybet til hendes prægtige havfruedronningeslot.

De blev på havfolkevis gift, og de levede meget lykkeligt sammen i rigtig mange år.

Fisker-Svends båd var drevet i land omme på vestkysten næsten helt oppe ved Lillemaden. På Agersø mente man naturligvis, at Fisker-Svend var faldet i havet og druknet, som det var sket med så mange fiskere før ham. I Agersø Kirke holdt præsten derfor en smuk Mindegudstjeneste for ham, og der blev sat en lille mindesten på kirkegården.

Kun sjældent tænkte Fisker-Svend på sine efterladte på øen; men en dag dukkede dog hans mor op i tankerne. Han bad derfor sin havfruehustru pænt om lov til at aflægge hende et besøg deroppe. Meget for det var hun ikke; men gav ham dog alligevel til sidst lov til at besøge sin gamle mor. Fisker-Svend skulle dog love at vende tilbage til havet og hende samme dag inden solnedgang! Han måtte også love ikke at gå i kirke, og ikke at synge med på salmer.

Havfruen førte ham så op til havets overflade, og til sin store overraskelse så han, at der også allerede lå en båd med kridhvidt sejl og blanke årer sejlklar til ham. Fisker-Svend sejlede rutineret rundt om Østerhoved og ind i Agersøs havn, fortøjede sin fine båd og gik i land. Da han gik op ad Strandallé hørte han kirkeklokken ringe, og så glemte han, hvad han havde lovet sin havfruehustru, og gik ind i kirken. Før han vidste af det, sang han med på de kendte salmer; men så kom han i tanker om sit løfte og løb ud af kirken igen. Alle stirrede de på ham og veg til side. Han måtte være et genfærd eller endnu en poltergejst?

Da han kom ned til havnen, mærkede han, at det var blæst voldsomt op. Båden havde revet sig løs og lå nu knust mod ydermolens store sten. Bølgerne fra Smålandshavet og Agersøsund tordnede mod stranden og molen. Med et hørte han en høj stemme ude fra havet:

"Tænk paa de store, tænk paa de små,
Tænk paa dit Løfte, tænk paa Evigheden,
Tænk paa den lille, vi har lagt i Vuggen!"

På toppen af en vældig bølge med skummende brus så han sin havfruehustru hæve sig grædende i vejret og true med sin ene hånd ind mod land og løfte den anden mod skyerne.

Næste morgen fandt man Fisker-Svends lig i havstokken helt oppe i Bøgevig blandt tusinder af hvide svaner.

Fanden selv på Agersø uden sin høje hat og anden pynt

12. Folkesagn

Da Fanden besøgte Agersø

Generalkrigskommisær Conrad Daniel Wockroff solgte i 1770 sin godsbesiddelse, Agersø, Omø, Egholm & Helleholm Gods, til den nyrige møller & kromand, Lars Nielsen, ovre fra Hårlev på fastlandet. Lars Nielsen havde ikke det fjerneste begreb om hverken godsdrift eller forholdene ude på øerne. Han skulle bare tjene penge. Hurtige penge. Mange penge!

Lars Nielsen udnyttede blandt andet bønderne groft ved at kræve helt urimelige hoveriarbejder af dem, og i en sådan grad, at de ikke kunne passe deres egne landbrugsbedrifter. Af fiskerne på Agersø krævede han gratis fisk til den store husholdning på Agersøgaard, og af færgemanden på havnen krævede han at blive sejlet til Skælskør eller Omø, når det passede ham, og selvfølgelig uden betaling.

Af uransagelige årsager fik Lars Nielsen dog en god og trofast ven i sognepræsten, den norske pastor Jens Finne Borchgrevink. Denne præst var næsten lige så upopulær som Lars Nielsen, og måtte nogle år senere opgive sit embede og rejse til Ringerike i Norge, hvor præstens familie kom fra. Noget må de to have haft til fælles, for de holdt sammen i tykt og tyndt.

Det holdt imidlertid ikke længe. Allerede i 1774 rejste et bondeoprør sig på Agersø mod Lars Nielsen. Fiskerne og husmændene støttede bønderne. Det er det eneste bondeoprør i Danmarkshistorien, der nogensinde er lykkedes!

Af de officielle historiebøger fremgår, at Lars Nielsen lige akkurat lykkedes at slippe fra Agersø med livet i behold, fordi pastor Jens Finne Borchgrevink selv sejlede ham over til Skælskør og af Agersøs Kirkekasse betalte fogeden i byen for at tie stille og lade Lars Nielsen slippe afsted ud af købstaden.

Men på Agersø går en helt anden og meget mere farverig fortælling om, hvad der blev godsejer Lars Nielsens grumme skæbne på Agersø:

Lars Nielsen var nok godsejer; men han kunne ikke få sin ladefoged til igen og igen at gå ud og tvinge bønderne til stadigt mere urimeligt hoveri på godset. Så Lars Nielsen satte ubarmhjertigt sin ulydige ladefoged på træhesten i godsets gård til skam og skændsel og hård pinsel for ham. Lars Nielsen måtte derfor selv op hesten, tage ridepisken i den ene hånd og jagthornet i den anden og ride afsted ud til de genstridige bønder. Inden han red af gårde, tildelte han med egen hånd sin ladefoged 7 piskeslag.

Lige udenfor godsets, Agersøgaards, hovedport stod en stor, mørk og lidt sært udseende mand og ventede på ham for at tilbyde godsejeren sin hjælp og assistance. Det tog Lars Nielsen med glæde imod, bare det var gratis. Han fik hentet en hest til den fremmede.

Den ukendte mand præsenterede sig så pænt og høfligt for godsejeren som Fanden selv. Lars Nielsen blev glad. Med Fanden selv måtte bønderne bare makke ret! De aftalte, at Fanden selv kunne vælge en af bønderne, eller folkene på godset, som betaling for hjælpen. Så gik det endelig afsted ud på øen. På den første gård, de kom til, stod bonden og arbejdede med sine køer, og på et tidspunkt råbte bonden til en ko i flokken, der skilte sig lidt ud:

"Saa; kom saa her, din Fandens Ko!"
"Tag du bare Bonden her!" Sagde Lars Nielsen til Fanden selv; men han takkede pænt nej:

"Nej. Bondens Ønske kom ikke fra Hjertet!" Så fik bonden med pisken og besked om straks at begive sig afsted til godset, og de red videre til den næste gård. Der stod bonden ved brønden og striglede sin gamle hest, som stod noget urolig.

"Vil du da saa staa stille, din Fandens Hest!"
"Tag du bare Bonden her!" Sagde Lars Nielsen til Fanden selv; men han takkede pænt nej nu også for anden gang:

"Nej. Bondens Ønske kom ikke fra Hjertet!" Så fik også denne bonde med ridepisken og besked på øjeblikkeligt at begive sig afsted til godset. De to red videre til den tredje gård på ruten. Her stod husfruen i døren til stuehuset. Lige idet hun fik øje på godsejeren, råbte hun af sine lungers fulde kraft:

"Nu har vi den griske Godsejer igen. Gid Fanden maatte tage Ham!" Fanden svarede hende:

"Tak som byder, bedste Frue! Deres Ønske kommer fra Hjertet, saa nu tager jeg ham med mig Hjem til mit Helvede." Og det gjorde Fanden faktisk med heste og det hele. Ingen hverken så eller hørte nogensinde siden det mindste til godsejer Lars Nielsen. Der er heller ingen på Agersø, der siden har hørt eller set noget til Fanden selv. Kun hans svedne og svovlstinkende sæt kjole & hvidt og den rygende cylinderhat blev sidenhen fundet i smedens essen inde i Agersø By!

Agersø Kro – tidligere: Agersø Gods

Spøgelset i Agersø Præstegård

13. Folkesagn

Præstegårdsspøgelset

Et spøgelse opfattes almindeligvis som ånden fra en afdød. Det er tilknyttet stedet, hvor en enkeltstående betydningsfuld eller dramatisk begivenhed skete; mens det var i live, som regel stedet, hvor døden indtraf. I modsætning til åndevæsener af forskellig slags, så har spøgelser en ret begrænset bevægelsesradius. Det kan være et værelse, en bygning, en indgangsportal, et særligt hjørne af en mark eller skov eller strand. Det er for spøgelser, som for staldfluer, uhørt for et traditionelt spøgelse at bevæge sig andre steder hen eller forfølge de levende andre steder.

Spøgelser hører ikke til i de levendes verden; men burde være draget til deres rette dimension. Der er altid en grund til, at de er blevet hængende i vores verden.

Frederic W.H. Myers (1843-1901), medstifter af det engelske selskab for psykisk forskning, definerede et spøgelse som: *"En Manifestation af vedvarende personlig Energi, eller en Indikation paa en eller anden slags Kraft, knyttet til en Person, der tidligere har levet paa Jorden."* Begrebet *"vedvarende personlig Energi"* forklarede han dog ikke. En mere moderne definition fra **Gorm Benzon** (1930-2017) er: *"En afdød person, der på en eller anden måde giver sig til kende."*

De fleste spøgelser forekommer at være venlige, ofte vejledende, for de levende. Der er dog også

84

eksempler på dramatiske hjemsøgelser. Mange af den slags skræmmende hjemsøgelser skyldes en voldelig død. Spøgelser kan således siges at have et eller andet uafsluttet i vores verden.

Agersø har også haft, og har stadigvæk, sine spøgelser rundt omkring. Særlig et af spøgelserne er det værd at fremhæve: Præstegårdsspøgelset! Det er der fortalt en hel del om over tid.

I 1859 overtog sognepræst C. A. L Jessen pastoratet efter pastor Christian Linde Holst, som gerne ville tilbage til det Nordsjælland, han var kommet fra. Pastor Jessen var ud af den sydslesvigske gren af den store familien Jessen. I det meste af denne slægt havde man en lang tradition for at være moderne, rationelle mennesker med et godt blik for naturvidenskaberne. Derfor kom det helt bag på ham, da han måtte konstatere, at der åbenbart boede et spøgelse i Agersø Præstegårds studerekammer! Hans forgænger havde intet nævnt om det, så måske var det et nyt fænomen der på stedet?

Pastor Jessen inviterede derfor Sjællands biskop, Hans Lassen Martensen, til at besøge Skælskør, Magleby, Omø og Agersø på en visitats. Biskoppen takkede ja, for det var alligevel mange år siden sidste biskoppelige visitats i det hjørne af stiftet.

Efter den gode middag i spisestuen, satte de to lærde herrer sig ind i præstens studerekammer for hver at nyde en cigar og et glas portvin ved den gode

85

samtale. På et tidspunkt blev biskoppen opmærksom på noget, der ligesom bevægede sig igennem rummet sammen med en iskold trækvind og forsvandt ovre i hjørnet ved præstens hvileottoman. Så fortalte pastor Jessen, at det netop er det mærkelige fænomen, han gerne vil drøfte med biskoppen. Tjenestefolkene hævder hårdnakket, at det er et spøgelse, og at det repræsenterer en tidligere husbestyrerinde, Abelone, her i præstegården, som en af pastor Jessens forgængere, en temmelig overvægtig sognepræst, var "kommet til" at "ligge ihjel" en søndag eftermiddag efter højmessen i Agersø Kirke. De havde traditionen tro lagt sig til at hvile, og sådan, sammen efter de kirkelige anstrengelser og den gode frokost!

Pastor Jessen beklagede sig overfor biskoppen, at det fx var svært at koncentrere sig om at skrive en fyrig og opildnende prædiken, når denne Abelone tilsyneladende vimsede utålmodigt rundt om præsten. Desuden blæste den kolde trækvind efter hende næsten altid både vokslysene på bordet, og flammerne i kakkelovnen ud. Biskoppens råd blev så, at pastoren skulle ansøge stiftet om hjælp til at bygge en ny, moderne præstegård i stedet for denne her gamle, fugtige, halmtækkede bindingsværksgård. Biskoppen kunne love at promovere bevillingerne i tide, så projektet ikke ville tage for lang tid.

I 1864 stod den nuværende, moderne præstegård til Agersø Kirke klar til indflytning. Der gik ikke mange dage, før pastor Jessen til sin ærgrelse måtte konstatere, at Abelone var flyttet med! Som det fornuftige og moderne menneske, han var, kunne det ikke falde ham ind at bede om hjælp fra en af Agersøs kloge koner eller mænd, skønt en og anden blandt dem måske ellers kunne have læst en stærk og effektiv besværgelse over spøgelset? Nu viste det sig så, at nogle af materialerne fra den gamle, nedrevne præstegård, var blevet genanvendt ved byggeriet af den ny præstegård. Ved tilfældets magi var nogle af materialerne fra det, der tidligere var præstens studerekammer, nu brugt til udlængen i det nordvestlige hjørne. Abelones stedbundethed var derfor nu blevet tvedelt.

Præsten var godt klar over, at når hans hest ovre i stalden stod uroligt, så var det, når Abelone hersede med hesten eller skræmte den. Abelone kom så ikke længere så ofte på det ny, store præstekontor; men det hændte dog! Abelone skabte også af og til, og ganske uventet, trækvinde rundt omkring i den ny, store præstegård, blæste vokslysene ud, slukkede komfuret og den slags; men det kunne man lære at leve med.

Efter sigende viser Abelone sig stadig en gang imellem enten ovre i det, som Menighedsrådet i dag kalder "Annexet," eller rundt omkring i selve præstegården, og oftest på præstekontoret!

Ravn

14. Folkesagn

Hesteprangerens vidner

Nogle af de mange sagn og gamle fortællinger er det, man kan kalde vandrehistorier. Det betyder, at den samme grundfortælling kan genkendes fra flere forskellige steder i landet. En vandrehistorie får så tillagt noget lokalkolorit, så den lige pludselig forekommer at være stedsbestemt. Det gælder selvfølgelig også for mange af sagnene og fortællingerne fra Agersø; men det gør dem hverken uinteressante eller mindre interessante. Tværtimod, kan man sige, for selve måden, en fortælling tilpasses på gennem den helt lokale, mundtlige fortælletradition fra generation til generation, kan sige utroligt meget om et lokalsamfund som fx Agersø.

Den måske allermest udbredte vandrehistorie har sin oprindelse i Bibelens etik. Udgangspunktet er i fortællingen en kræmmer, der bliver myrdet af en røver, som dog får sin straf til sidst. Fortællingens underliggende og folkeopdragende element er et dobbelt: Vi bliver belært og mindet om, at intet kan vi mennesker skjule for Guds ansigt; men også, at retfærdigheden altid til sidst vil ske fyldest.

Der var engang, hvor den gode hestepranger kom til Agersø hvert andet år. Der var altid heste at udskifte, så han havde som regel en rigtig god handel. Han var også en reel pranger, der betalte ordentligt og aldrig snød. Utallige gode håndslag var gennem tiden blevet slået til gensidig gavn og glæde.

Så en augustdag måtte en af øens gårdmænd kaste deres gårdskarl på porten for ugidelighed! Gårdskarlen traskede ud ad Lillemaden og ned til stranden for at sidde og surmule i fred. Han måtte finde på noget!

Uheldigvis var det netop i de dage, at den gode og vellidte hestepranger var på Agersø. Alle handlerne var færdige og afsluttet. Nu ventede han kun på skibslejlighed over til Skælskør for sine heste og ham selv. Hestene havde han af præsten, pastor Christen Willadsøn, fået lov at stille på græs på et af præstegårdens engstrandlodder ude vest på. Det var noget alle på øen vidste om.

Den glade hestepranger nød det gode sensommervejr og gik ad Lillemaden til for derfra ad stranden at nå tilbage til præstegårdsloddet og hestene. Nede på stranden satte han sig på en stor sten og så ud over havet. Han havde slet ikke lagt mærke til gårdskarlen, som sad omme bag nogle buske og krat lige ved siden af.

Gårdskarlen, derimod, han havde absolut bemærket hesteprangeren! Han ville stjæle hans store, fyldte prangerpung, så han sprang pludselig frem og overfaldt den intetanende hestepranger, som skreg for sit liv. Gårdskarlen var ligeglad:

"Du kan skrige og raabe så tosset, du vil; men Vidner på denne øde Strand finder du ingen af!" Ganske rigtigt. Ingen hørte ham, og dog fløj lige i det samme en ravnefamilie på fem af de store sorte fugle i det selvsamme øjeblik hen over hovederne på dem:

"Fuglene paa Guds blaa Himmel skal være mine evige Vidner!" Gårdskarlen slog ham så hårdt i hovedet med en stor sten fra stranden, at hesteprangeren døde af det. Så plyndrede gårdskarlen ham og trak liget af ham op i en gammel robåd, der lå der på stranden, skubbede båden udad, så den begyndte at drive afsted for østenvinden. Snart var den helt forsvundet ude på det blå hav. Ingen så nogensinde siden noget til hesteprangeren. Hans pludselige forsvinden var og forblev en gåde for de gode agersøboere.

Pastor Willadsøn bad en bøn for hesteprangerens sjæl ved den førstfølgende højmesse i Agersø Kirke. For god ordens skyld beholdt pastoren hesteprangerens heste som del af præsteembedets retmæssige gods.

Årene gik deres rolige og vante gang på Agersø. Andre kræmmere kom og gik. Så hændte det en gang, at en kræmmer helt fra Holstein kom til øen med gode sager og kramvarer fra det tyske. Han falbød sine varer nede på havnen til fiskerne og andre øboere, og handelen gik strygende. Så kom en familie på fem af de store, sorte ravne flyvende nede fra Østerhoved og hen over Agersø By og havnen på deres vej op til Egholm. Temmelig usædvanligt, så cirklede ravnene en ekstra gang og meget lavt og skrigende med deres hæse stemmer hen over hovederne på den tætte forsamling af handlende på kajerne. Den holstenske kræmmer skuttede sig, trak jakken sammen om sig, kiggede op på fuglene og kom til at sige:

"Se det var Hesteprangerens Vidner, der alligevel kom tilbage! Jeg skulle aldrig være vendt Hjem." De ord vakte opmærksomhed blandt nogle af de gamle, som lige med et kunne genkende gårdskarlen, der for mange år siden var blevet kastet af gårde og siden forsvundet fra øen. De fik klokkeren til at ringe med kirkeklokken, så pastor Matthis Hansson Lund, som tilfældigvis var på havnen for at følge med i øens liv, kunne komme tilstede. Pastoren sendte også straks bud op til godsets ladefoged. Midt i al tumulten tabte den holstenske kræmmer fatningen, og indrømmede, hvem han i virkeligheden var, og hvad der var sket med hesteprangeren.

Den effektive ladefoged tog ham straks i arrest, og fik ham allerede samme dag sejlet over til købstaden Skælskør. Der blev han med det samme indsat i rådstuens fangekælder. Allerede ugen efter blev der holdt ret og dom ved rådstueretten over delinkventen. Han blev dømt fra navn, ære, gods og liv. Dog indrømmede rådstueretten ham både ret til en trækiste og ret til at beholde støvlerne på i kisten; men ikke retten til mestermandens økse. To dage senere havde mestermanden tid, og så blev delinkventen bagbundet og til skam og skændsel ført på åben vogn gennem hele byen og ud til retterstedet og galgen på Kanehøj.

Efterfølgende blev han begravet udenfor Agersøs kirkegårdsmur. Eftersom han var blevet dømt fra sit navn, og dermed også fra sin dåb, anså pastor Matthis Hansson Lund ham for at være hedning. Derfor kunne han ikke begraves i indviet jord.

Agersø Kirke

Agersøs 455 år gamle havnenisse

15. Folkesagn

Havnenissen

Sagnet, eller fortællingen, om havnenissen på Agersø Havn har helt beslægtede fortællinger fra bl.a. Langeland, Strynø og Ærø. Det gør imidlertid ikke historien mindre interessant eller tankevækkende.

De fleste ved, at der nu i snart mange hundrede år har boet en nisse et sted på Agersø Havn. Lige præcis hvor på havnen nissen bor, det er der endnu ingen, der har fundet ud af. Nisser er gode til hemmeligheder! Et godt bud kunne være i bakken under Strandallé? Nisser kan nemlig ikke fordrage at få våde tæer, selvom de, ligesom troldene, kun har fire tæer på hver fod og fire fingre på hver hånd. På havnen risikerer man ved store højvande virkelig at få våde tæer og andet.

Der var engang en fattig skipper, som boede i et lille hus oppe på Strandallé. Han havde for nogle år siden mistet sit gode skib med de to master ved et voldsomt forlis under et vildt stormvejr nede i Omøsund. Kun skipperen selv overlevede med nød og næppe. Alle fire folk ombord druknede. De døde er aldrig siden skyllet i land på Agersø. Den venlige Pastor Christian Wilhelm Brink holdt efter ulykken også en nydelig Mindegudstjeneste over de druknede søfolk i Agersø Kirke. Skipperen brugte sine sidste penge på det smukke arrangement.

Hver dag gik han en tur ned til havnen, hvor han fik sig en god snak med både fiskerne, når de landede deres både, og når en af de andre skippere kom hjem til kajs med gode varer ombord på deres skibe. Det hændte, han fik en tjans med fejekosten på havnen eller mod lidt beskeden betaling kunne få lov til at tjære garn for fiskerne ovre i tjæreanlægget ved ankersmedjen. Det var nu sådan, man kunne hjælpe hinanden på øen. Vanskeligt var det, og det var ikke hver dag, der kunne sættes mad på bordet hjemme ved den fattige skipper, hans kone og tre børn. Skipperens kone sled i det for ussel betaling hver dag på værkstedet hos sejlmageren ved siden af skibsbyggeren. De var flittige og arbejdsomme mennesker; men fattige.

Så en morgen tidlig på vej ned ad Strandalléen til havnen, blev skipperen lige med et og midt på gaden standset af en lille, ja, meget lille, gammel mand med gråt skæg, rød filttophue og gule træsko! Den lille mand var tydeligvis på vej op ad bakken mod skipperens lille hus. Skipperen standsede op.

"Godmorgen, min gode Herre! Jeg har brug for at faa sejlet en Ladning op til Norge. Vil du sejle Ladningen for mig? Du har Ry af altid at være hjælpsom?"

"Jo. Tak som byder; men jeg har intet Skib længere. Det ligger i tusind Stykker ude paa Havsens Bund med Mand og Mus og det Hele."

96

"Det skal du ikke tænke paa. Du skal bare møde op paa Lastekajen nede i Agersø Havn sammen med en Skibsdreng og en fuldbefaren Matros."

Mærkeligt var det nu; men skipperen var ikke længere nem at overraske. Han havde lært at tage livet, som det bød sig. Næste dag mødte skipperen derfor også som aftalt op på kajen med matros og skibsdreng. Ved kajen lå et smukt, veludrustet og sejlklart skib! Det var et mageløst syn for skipperen, der så længe havde været uden skib. De steg straks ombord og blev budt velkommen af den lille gamle mand med den røde tophue. Da skibet lagde fra kaj, var vinden dem ret imod; men den lille gamle mand bad blot skipperen vende sin uldne striktrøje, og straks var vinden med dem. Godt ude på Agersøsund gentog det sig; men skipperen lærte hurtigt det sære system. Alle havde de højtideligt måtte love ikke at kigge i lasten, og det holdt de som en aftale med håndslag. Skibet nåede velbeholdent til Norge. Her bad den lille gamle mand sin besætning om bare at gå i land en dags tid. Han skulle nok selv sørge for losningen.

Da skipperen og hans folk kom tilbage, var lastrummet tomt, fejet og rent. Så bad den lille gamle mand skipperen om sejle til den nærmeste by og få returlast og en enkelt passager med ombord. Der var gode fragtrater at få for tiden. Tre dage senere skulle de så komme tilbage hertil. Som sagt, så gjort, og det lykkedes at få en rigtig fin last ombord til gode priser.

Den lille gamle mand stod og tog imod dem. Så præsenterede han sig som Agersøs havnenisse; men han skulle ikke med tilbage til Agersø. Han var efterhånden blevet voldsomt træt af de sure og tvære og ildelugtende øboere. Hvis de dog igen en gang begyndte at stille varm grød med smør og kanel, og som tilbehør sødet hvidtøl, frem til nissen på havnen juleaften, så ville han måske overveje at komme tilbage til Agersø og på ny være behjælpelig med forskelligt. Passageren ombord retur til Agersø var en ung kun 249 år gammel skrap nisse. Ved afskeden rakte nissen to sække til skipperen som betaling for turen:

"Du maa beholde Skibet som dit eget. I den ene Sæk er der Trækul, og i den anden Smedekul. Det vil vise sig at komme dig til god Hjælp; men du skal dele ligeligt med din Matros og din Skibsdreng. Farvel og god Rejse! Du skal ikke hilse paa Agersø." Nå ja, betalingen for nissens fragt var vel ikke fyrstelig; men han fik dog eget skib igen. Tilbage på Agersø afmønstrede matrosen og skibsdrengen; men da skipperen kiggede ned i sækkene, så han, at de nu var fyldt med engelske guldmønter. De var rige alle tre! I de nærmeste år efter, at nissen var rejst fra Agersø, da var hele øen voldsomt plaget af uheld og ulykker og stor tilbagegang. Skipperen sagde ingenting, skønt han vidste besked. Går det bedre for Agersø og agersøboerne i vore moderne tider? Tja, det må vel bero på en privat vurdering; men måske nogen alligevel på et tidspunkt har inviteret den gamle nisse hjem med tilbud om varm grød med smør, kanel og sødet hvidtøl? Eller måske det ville være en god idé at begynde på det igen?

Der stanges ål fra isen

16. Folkesagn

Smedetrolden i jordfaldshullet

Rundt omkring i Agersø By, og ude på mange af gårdene, dukker med mellemrum jordfaldshuller op. Ofte er det blot fra gamle, tilkastede brønde, hvor regn har skyllet fyldet bort; men pas på! Nogle af dem er troldenes entrédøre! Troldene bor altid underjordisk, og der er flere, end man måske til dagligt tænker over?

I de kolde vintre, hvor isen lagde sig omkring øen, blev der stanget ål i massevis! En tidlig aften for mange år siden, var en af de mange ålefiskere så uheldig, at hans gamle, slidte ålelyster knækkede to tænder og skaftet. Det var ikke muligt hurtigt at få hverken repareret det eller smedet et nyt og sat på nyt skaft. Han gik derfor glip af alle de gode ål. Der var ingen, der hjalp ham. De grinede bare ad ham.

"Ja, ja! Grin I bare. Det kan være, der kommer en dag, hvor jeg kan faa Aal, naar I ikke kan. Nu gaar jeg nemlig op til Smedetrolden i Hullet med min Aalelyster. Saa faar vi se, hvad der kan gøres!" Så gik han op til smedetroldens jordhul, hvor han lagde sin ødelagte ålelyster, sammen med en halv blodpølse fra sidste slagtning, pænt ved siden af hullet. Så gik han igen.

Næste morgen lå der den flotteste, nye ålelyster, han nogensinde havde set, lige foran hans hoveddør. Der sad en lille seddel på, hvorpå der stod, at den første fangst, den skal han bringe til smedetroldens jordhul.

Ålelysteren var så fin, at han næsten ikke turde røre ved den. Han gik dog til stranden og ud på isen til de andre ålestangere. Den ny ålelyster tiltrak sig ålene som ingen nogensinde tidligere havde oplevet, så han kunne hive alle de ål op af vandet, han overhovedet orkede. De andre ålestangere fik kun en meget begrænset fangst.

Trods alt fik de andre ålestangere dårlig samvittighed, så de hjalp med at bære første fangst op til smedetrolden. Fra den dag styrede ålestangeren med det nysmedede jern al ålefangst på Agersø. Måske er smedetroldens ålelyster blandt de udstillede fiskeredskaber på det lille lokalhistoriske museum, "Historiestalden?"

En trolds jordfaldshul på Storegade i 2024

101

Det sammensunkne stendige som søster Ane brugte

16. Folkesagn

Uforklarlige Agersøfænomener

I Agersø By er rigtig mange af byens gader, stræder og veje smukt kantet med sirligt opstillede stendiger. I dag er de alle fredet som et samlet kulturhistorisk minde af national betydning. For en moderne, prosaisk tanke er der blot tale om nogle af de mange sten, som istidens vældige bræer slæbte med sig fra Norge, og som efter afsmeltningen lå tilbage spredt ud over landskaberne. For at kunne drive et fornuftigt landbrug, har bønderne derfor gennem mange århundreder været nødt til møjsommeligt at samle sten sammen fra marker og agre. En del er blevet brugt til byggerier, nogle til kystsikringer og atter andre til at forhindre vejsider i at skride sammen i den våde årstid. Store mængder sten er også gennem tiden blevet solgt og udskibet til forskellige købere og formål ovre på fastlandet og på Langeland.

Så enorm en stensamling har helt naturligt også givet anledning til rigtig megen overtro, mange folkesagn og fortællinger. Der har også været knyttet magiske kræfter og uforklarlige fænomener til særlige, udvalgte sten i digerne rundt omkring i byen.

For mange år siden var der på Agersø en hjemmesygeplejerske og diakonisse, søster Ane, som oprindelig kom fra Hou ovre på Langeland. Som ung var hun rejst til Sydfrankrig, hvor hun i et større kloster lod sig indskrive som lægsøster. Det var også i klostret, at hun fik sin uddannelse som

103

feltsygeplejerske. Hun gjorde frivillig tjeneste under 1. verdenskrig på lazaretterne i det franske bagland. Hvordan hun siden var endt på Agersø, har det ikke været muligt at fastslå med sikkerhed. Det står dog fast, at hun kom via Diakonissestiftelsen i København.

Søster Anes gerning som sygeplejerske findes der ikke meget om; men at hun kunne læse menneskers aura, det huskes stadig. Efter sigende, så var der tre forskellige steder i byens stendiger, hvor der var nogle helt særlige sten, hun kunne anvende. Hun stillede sin patient foran, og helt tæt, på nogle ganske bestemte sten. Det mest benyttede sted var i et allerede dengang sammensunket og forfaldent dige på hjørnet af det, der i dag hedder Tværgade og Frederik Hjortekærsstræde lige for foden af et kæmpestort asketræ. Det andet sted var i et dige på hjørnet af Gadekærsbroen og det, der nu hedder Eliasstræde. Det tredje sted hersker der nogen usikkerhed om; men sandsynligvis var det i det, der i dag hedder Hans Degnsstræde?

Når så søster Ane læste patientens aura ude ved stenene, kunne hun bedre vejlede og hjælpe den pågældende. I samtiden blev hendes gerning opfattet som værende på grænsen til det okkulte; men utroligt mange benyttede trods alt søster Anes hjælp også udover de lægevidenskabelige gerninger til syge og svagelige, som den lokale sygekasse gav tilskud til.

Det skal lige for god ordens skyld nævnes, at søster Anes rigtige navn, af respekt for familiens værdighed, holdes tilbage efter ønske. Hun blev i øvrigt begravet på Agersø Kirkegård under sit rigtige navn. Stenen ligger i dag i et af lapidarierne.

Søster Anes måde at pleje og helbrede på må siges at være ret alternativ, og et af de lidt mere uforklarlige fænomener på Agersø. Sådan blev det i det mindste i samtiden opfattet. Var det så også set med nutidens øjne så uforklarligt endda?

Aura betyder "luftning". Mange parapsykologer er enige om, at den består af et særegent samspil mellem personen selv og den særligt sensitive anden person, som ser eller læser auraen omkring personen som en form for energiudladning. Indenfor parapsykologien ses auraen som et menneskes udstråling af sjælelige tilstande. Auraens farve kan så fortolkes på samme måde, som man kan fortolke sygdomsbilleder, altså stille en diagnose. Sandsynligvis var det sådan, at søster Ane arbejdede, når hun diagnosticerede?

*I dag anerkender man indenfor lægevidenskaben auraen som noget faktuelt eksisterende, som et fysisk fænomen. Ved et tilfælde opdagede **Semjon Davidovitj Kirlian** tilbage i 1939, at et menneskes aura kan fotograferes, og altså også dokumenteres som et elektrisk felt omkring alt levende. I dag arbejdes der således videnskabeligt med energidiagnoser.*

Der er også andre større og mindre mærkelige og ganske uforklarlige fænomener på Agersø. Et tilbagevendende samtaleemne er, hvorfor der ikke kan leve rotter på øen, når fx mosegrise og mus stortrives?

Der har, naturligvis, i flere perioder bevisligt været rotter på øen. Af ukendte årsager er de hver eneste gang forsvundet igen mere eller mindre af sig selv. Her afventer vi stadig en rational og naturvidenskabelig forklaring, selvom de fleste sådan set har det rigtig fint med, at øen er rotteløs! Måske er forklaringen uoverensstemmelser mellem rotter og troldtøj på øen?

Så er der det helt moderne; men aldeles uforklarlige fænomen, at besøgende og turister altid kan spotte lige præcis en øbo, når de skal spørge om vej eller ønsker at vide et eller andet fx om noget af alt det meget, som øboerne aldrig ville drømme om selv at skænke en tanke i hverdagen. Der har været fremsat teorier om, at øboerne muligvis har en særlig lugt? Det hævdede borgerskabet ovre i Skælskør allerede kort efter reformationen i 1536 i hvert fald. De blev derfor nødt til for egen regning at bygge to særlige kapeller til deres kirke, som kirkegængerne fra Agersø og Omø så skulle benytte. På den måde kunne de pæne borgere undgå at blive generet af øboernes lugt og fæle stank i deres kirke! Måske går øboerne bare på en anderledes måde? Har deres cykler, biler eller ATV'ere eventuelt en særlig lyd eller noget? Nogle turister har sågar også overhørt på færgen på vej til fastlandet, at øboere ganske uden blusel kunne finde på at sige hvad som helst, også det mest grove og uhøflige og mest utrolige, til hinanden, de nogensinde før har fået i deres sarte, nyvaskede turistøren?

Måske Agersø Beboerforening en gang ved lejlighed burde indforskrive en ekspert ovre fra fastlandet til at forsøge at opklare mysteriet? Nemt vil det ikke blive, for på et enkelt område er agersøboerne fuldstændig som alle andre rigtige øboere i hele Danmark: De har alle sammen en skarp mening om alting og ingenting; men især om hinanden, og så kan de, om ikke andet, altid enes om, at alle dem ovre fra fastlandet er mærkelige! Nå, sådan en ekspert må nok også på forhånd erkende, at det tager lang tid at forstå ingenting. Sådanne fænomener bør sikkert fremover indgå i Dansk Folkemindesamling?

Måske en rimelig afrunding af disse udvalgte uforklarlige fænomener vil være et besøg ved Skarpeklint nede mod syd ikke så langt fra Olsens Plads og kystbatteriet?

Det er nemlig ganske vist, at Skarpeklint er en forstenet trold. Trolden havde være på kro omme i det langelandske. Desværre var vinden ham imod, da han sidst på natten skulle sejle hjem til sit Agersø, så han nåede desværre ikke i land, inden morgensolens første gyldne stråler ramte ham lige midt i ansigtet! Trolde må, som bekendt, aldrig udsættes for solens skønne stråler, Guds eget lys. Sker det, forstener trolden øjeblikkeligt! Nu står trolden lige ude på den anden side af havstokken. Derfor kan han altså stadig godt røre på sig i det bløde sand ind imellem. Når trolden lugter friskbagt brød bagt af rug fra Agersø, så vender han sig! Se selv efter, Skarpeklint kan vende helt forskelligt fra gang til gang!

Vættepigen, Sigriðs, far: Vætten Sunleif Thormodsbane

17. Folkesagn

Vættepigen og ørestenene

I det lave vand imellem Skagen på Helholm og Østerhoved ude på det yderste af Helleholm Vejle, ligger der et større antal store sten spredt ud i det lave vand. De ses ved lavvande; men er ellers ofte lige under havoverfladen. De sten har altid talt til øboernes fantasi. Der er selvfølgelig også over tid blevet knyttet flere sagn til dem. To af sagnene går tilbage til Asatroens tid og måske til vikingen Agger, som byggede sin befæstede enkeltliggende gård på det højeste punkt i det, der i dag er Agersø By. Det er også ham, der har lagt navn til øen, og hedning var han jo!

Et af de mest fortalte folkesagn er om den unge vættepige, Sigrið, datter af Sunleif Thormodsbane, som boede under Agersø. Hun havde det på mange måder godt, og hun passede også godt på sin ø og generede ikke øboerne. På et tidspunkt havde hun været til vættegilde ovre på fastlandet, på Stigsnæs. Her var hun blevet vildt forelsket i en stor, stærk vætte, som boede i en af skrænterne ned til noret ved Skælskør. Desværre havde hun ikke egen båd, og øboernes både var alt, alt for små til at kunne bære en vættepige.

Stædig var hun, ligesom hendes fætter, trolden i Tværbjerg. Han havde heller ingen båd. Nu var det så heldigt, at der på Agersø var en helt urimelig mængde sten i alle mulige størrelser. Dem begyndte hun så at samle sammen i to store bunker, som hun lagde i vandkanten nede ved flakket i Omøsund.

Øboerne hjalp hende glad og gerne med at samle sten, for de blev kun glade for at slippe af med nogle alle de forbandede sten ude på markerne. Vættepigens plan var at bygge en dæmning over havet til Stigsnæs, så hun kunne vandre over til sin elskede, når det passede hende! Nu er det almindelig kendt, at både vætter og trolde både er temmelig påholdne og lidt dovne. Vættepigens gamle forklæde var derfor blevet mørt af ælde, så da hun samlede alle stenene fra bunken ved vandet op i det, så revnede det, og alle stenene trillede ud i havet og lagde sig på bunden som to store stenrev. Vættepigen blev så vred og arrig, at hun gjorde et hop så højt og stort, at hun havnede ovre på Stigsnæs. Der, hvor hun landede, trimlede hun rundt og rundt og jævnede hele det store næs ud til ganske fladt land. Det ses tydeligt i landskaberne i dag.

Det fortælles tillige, at vættepigen blev gift med sin vætte oppe ved Skælskør Nor; men også, at hun fik bygget sig en solid båd af de mange egetræer på Sjælland, så hun jævnligt med sin vættemand kommer hjem til sit Agersø! Hver gang hun kommer til Agersø, kaster hun en sten fra sin forklædelomme i vandet ved Østerhoved, så hun kan holde tal på, hvor tit hun har været hjemme på øen. De sten ligger ude i Helleholm Vejle ovre ved Østerhoved. Man kan selv prøve at tælle dem ved lavvande og så konstatere, at der stadig kommer flere og flere sten til! Vættepigen Sigrið passer godt på sin skønne ø!

Det andet folkesagn, som knytter sig til stenene ude i Helleholm Vejle, er også det, der fortæller, hvorfor de kaldes ørestenene!

Trolden, der bor inde i Tværbjerg, har ikke så højt til loftet, fordi Tværbjerg er lidt lavt i det med sine kun 12 meter i højden. Trolden har boet derinde de seneste mange hundrede år, så han er sådan set ganske godt tilfreds. Trolde bryder sig ikke om vand, så i bad kommer han aldrig. Alligevel må han, til sin egen store irritation, en gang imellem ned til vandet og dyppe sit hoved i det våde element for at komme af med noget af al den jord og de sten, der ustandseligt drysser ned i hovedet på ham hjemme i Tværbjerg. Det svider i øjnene og klør i ørene på ham. Når trolden kommer ned til det lave vand i den store bugt, så lægger han sig på sin runde mave og pjasker vand i hovedet. De mange småsøer og moseområder på Østerhoved er aftryk af troldens albuer og knæ, når han lægger sig der for at få lidt vand i sit snavsede hoved.

Når så trolden er færdig med sit troldetoilette, ryster han sit store hoved tørt i vinden; men når han gør det, så farer der næsten altid en masse sten fra Tværbjerg ud af ørene på ham og ender i det lave vand. Derfor kalder man stenene for ørestenene. Man kan tælle dem, og næste gang er der kommet flere til! Trolden bor her såmænd endnu.

Havhesten er på vej ind fra vest

18. Folkesagn

Havhesten fra vest

Til Agersøs vestkyst knytter der sig et meget gammelt sagn om den kridhvide havhest, af nogle kaldt "damhesten," af andre for "langhesten." Sagnet findes også i både de danske og de islandske sagaer; men der er enighed om, at udgangspunktet er Agersø.

Gør man sig til gode venner med havhesten, så får man sig en trofast ven for livet, der kan transportere en selv og familien over havet til andre øer; men aldrig til fastlandet. Indfanger man havhesten, og lykkes med at give den bidsel og tømme på, så har man en fantastisk arbejdshest, der kan arbejde for 10 heste af gangen på marken uden hverken mad, vand eller hvile.

Den vilde havhest er imidlertid meget farlig, hvis ingen får den indfanget og tæmmet. Så kan den fx finde på at komme op fra havet og stranden, rulle sig på ryggen i strandengens grønne græs og friste børn og barnlige sjæle til at tage sig en ridetur på dens ryg. Er man så uforsigtig at gøre det alligevel, så tager havhesten sin rytter med sig ud i havet og ned til havsens bund for altid! Der fortælles dog fra Agersø om flere, som fik bragt sig i den situation, og som så alligevel reddede sig ved at gøre korsets tegn og højt at råbe:

"Herre Jesu Kors. Nu saa jeg aldrig større Hors!" Da forsvandt den hvide hest igen straks under ham i en

hvid tågedis! På Agersø hører man ofte en sammenblanding af sagnene om havhesten og helhesten; men der er tale om to vidt forskellige sagn fra forskellige tidsaldre.

Helhesten er en højbenet, hvid hest med en enkelt rødbrun plet på venstre bagfjerding. Nogle kalder den også for himmelhesten, for den viser sig kun ganske kortvarigt, ved den gård eller det hus, hvor nogen skal dø! Helhesten tager så den pågældendes sjæl med til himmels. Dog er det sådan, at hvis der ikke er tale om en kristen sjæl, der skal videre, så har hesten 8 ben og lystrer navnet: "Sleipner," hvilket er Odins egen hest i Valhalla.

Thor med sin hammer, Mjølner – Tegning: Jørgen Hahn

114

19. Folkesagn

Da Thor tabte hammeren

Nede sydøst på ved Østerhoved ligger der en stor granitsten ved stranden. I den er der er indhugget nogle runde skålformede fordybninger, kaldet skåltegn. Arkæologerne er overbevist om, at de er blevet hugget ind i stenen på et tidspunkt i bronzealderen, og at de måske er frugtbarhedssymboler? Oprindelig lå den ude, hvor der i dag er vand; men nogen må have ment, at den skulle flyttes på land? Ingen ved, hvorfor den så ikke blev flyttet op i byen, så alle ville kunne se den og turisterne undres behørigt? Den nuværende løsning er i hvert fald yderst ringe og til ingen glæde for nutidens nysgerrige mennesker, desværre!

Agersøboerne ved imidlertid som sædvanlig meget bedre end alle de udenøs klogehoveder, arkæologer, kommuneteknikere, turister og andre!

Se, der var en gang, hvor Thor havde været afsted til Sjælland med vogn og geder og hammer og det hele for at slå nogle grimme karle for panden. Da han så på hjemvejen passerede hen over Agersø, kiggede han ned, og blev så begejstret for den dejlige lille ø dernede i havets blå, at han lige lod sine geder slå et ekstra slag ned over alt det skønne og grønne, så han fik set det hele og lidt til. Da han så rettede sin hurtige ekvipage op ved at trække hårdt i tømmerne, tabte han sin elskede hammer, som nu faldt ned fra himlen til Agersø. Det kunne ikke gå. Noget måtte han gøre.

115

Hammeren er et smukt og solidt stykke håndværk smedet af dværgene under de norske fjelde, så den holdt sagtens til den hårde medfart. Hammeren ramte en vældig stor sten, der lå i strandkanten nede ved den nordlige ende af Østerhoved. Stenen trillede ved det hårde slag et stykke hen ad stranden, og hammeren fik slået nogle tydelige runde hammerslagsmærker i granitstenen. Rekylet fra hammerjernet mod stenens granit kastede hammeren helt ind til Agersø By, hvor den lavede et forfærdeligt stort hul midt i det hele.

Thor fandt hurtigt sin hammer, vinkede glad farvel og på gensyn til den skønne ø og lovede, at regnvand hurtigt skulle fylde det store hul efter hammeren med vand og fede fisk, så byen fik sig et ordentligt gadekær fremover!

Onde tunger på øen påstår dog, at fordybningerne i stenen ikke har noget med Thor at gøre. De er derimod aftryk fra Omøtroldens væmmelige fingre. Han blev nemlig en gang sur på sin fætter, trolden i Tværbjerg, og så kastede han en stor sten efter ham; men ramte selvfølgelig ved siden af, så stenen havnede i vandkanten nede sydpå. Trolde fra Omø regner ingen på Agersø med, og ramme kan de åbenbart slet ikke!

Asbjörg synger og danser til Agersøs ære

20. Folkesagn

Asbjörgs Sang til Agersø
Moderne Genfortolkning af Sagakvadet "Astriðs Sang"

Alle aftener går jeg mig min tur
Ser Bøgevigens stolte hvide svaner
Møder havørnes blik over Helholm

Tankerne følger de drivende skyer
Tidløst står Tværbjerg vagt over livet
Dugdråber bliver tidernes sølvtårer

Frit bølgerne rejser deres mure
Verden lukket ude livet er inde
Sæler svaler skarver måger råger

Lysegrønne lindetræer åbent land
Huse haver solskin dæmpet tale
Snærende bånd derovre savnet vokser

Frit nært trygt hjemme på mit Agersø
Også modgang kan åbne nye veje
Med skib tager jeg bort over havet

Med skib vender jeg hjem over åbent hav
Følger vante veje hilser på jer
Tidernes ro tager mig til sig på ny!

Essesmeden arbejder – her bogens forfatter!

21. Folkesagn

Når smedene holder søndag

På Agersø var der tidligere fem smede. Ude på landet mod nord ved landevejen mod Egholm og lige overfor fattighuset, lå landsmedjen. Oppe mod nord på Egholm havde de selvfølgelig egen smedje. Det samme havde de på den store Agersøgaard. Landsbysmeden havde sin smedje i et af byens mange stræder ikke langt fra, hvor de tre landeveje fra syd løb sammen. Nede på havnen havde ankersmeden naturligvis sin smedje.

De fem smede kunne aldrig enes om, hvem der var den vigtigste smed på øen. De fire kunne dog godt blive enige om, at ankersmeden havde det for nemt, fordi han kun skulle arbejde med ankre og skibsbeslag.

En sommersøndag udenfor kirkedøren stod ankersmeden og pralede overfor de andre smede med, at efter Gudstjenesten, når alle kom ud fra kirken igen, så turde han godt gå lige hen og kysse øens smukkeste kvinde! Det endte naturligvis i et væddemål, for det troede de andre smede slet ikke på.

Efter Gudstjenesten skyndte de fem smede sig ud som de første fra kirken. Da kirkegængerne kom ud af kirken, gik ankersmeden lige direkte hen og kyssede sin egen kone. De fire andre smede mente, han havde snydt, da de bestemt ikke mente, at ankersmedens kone var den kønneste på Agersø. Det var nær endt i et slagsmål, hvor ankersmeden skulle have haft nogle tæsk. Præsten kom dog til stede og skar igennem:

"Jo vist har Ankersmeden da kysset den smukkeste Kvinde på Øen. Enhver Ægtemand synes altid bedst om sin egen Kone. I øvrigt vædder vi ikke her ved Guds Hus, saa Gevinsten gaar Ankersmeden hen og lægger i Kirkebøssen med det samme!" De fire andre smede måtte indrømme, at præsten havde ret. Selvom solen skinnede fra en skyfri himmel, så skumlede alle fem smede dog noget ved kirkekaffen den dag.

Når vanviddet blomstrer i tankerne

121

22. Folkesagn

Malkepigen, der blev vanvittig

Skønt det er meget længe siden, vil det bedste nok være ikke at nævne hverken årstallet eller malkepigens navn i denne vilde fortælling?

Der hændte nemlig det, at en af malkepigerne ude på "Lindegaarden" blev med barn. Pigen vidste ikke med sikkerhed, hvem der var far til barnet, og ingen af hverken gårdens karle eller havnens fiskerdrenge ville kendes ved det. Malkepigen måtte derfor føde sit barn i dølgsmål ude i loens halm. Forbudt var det. Fik fogeden, eller andre øvrighedspersoner på Agersø, noget at vide, så ville hun omgående blive sejlet til Skælskør. Her ville rådstueretten dømme hende fra livet ved hængning ude på Kanehøj.

Som så mange ulykkelige unge piger før hende, valgte hun derfor at bære barnet ud. På Agersø betød det, at hun lagde den nyfødte lille datter i en solid og tæt vidjekurv med låg beregnet til æg. Hun forede den med halm og tøjstumper, lagde barnet ned i kurven og gik til stranden en dag med fralandsvind. Pigen bad en bøn til Vorherre om at holde hånden over både barnets skæbne og hende selv. Fra Agersøs vestkyst flød kurven så med barnet ud mod horisonten.

Månederne gik. Det blev tiden for den store, traditionsrige høstfest i Agersø By. En tidlig morgen,

122

da malkepigerne sad på deres små, trebenede malkeskamler med deres spande ved staldens brogede køer, faldt hun i snak med en af de andre malkepiger. Hun beklagede sig over, at hun ikke kunne være med til den store høstfest inde i byen, da hun simpelthen intet pænt tøj havde at tage på. Den smånussede, sorte malkekjole med sin stramme lugt af stald, kunne hun ikke møde op i til festen. Næppe havde hun fået sagt ordene færdig, før alle malkepigerne i stalden klart og tydeligt hørte en barnestemme:

"Oh min egen kære Moder her i Stalden,
Sig ej din Klage, du skal danse smukt,
Hjertens gerne du laaner mine Pjalter,
I dem skal du danse til aarle Morgen!"

Da kom samvittigheden til malkepigen. Hun vidste med det samme, at det her var et budskab til hende fra himlen. Hun styrtede ud af stalden. Ingen på Agersø har nogensinde siden hverken hørt eller set noget fra malkepigen! Det siges, at hun blev vanvittig og gik i havet fra det sted, hvor hun havde sendt vidjekurven afsted.

Der går dog stadigvæk frasagn på øen om, at hun kommer ind sammen med havgusen syd for Lillemaden og varsler død og ulykke for dem, der ser hende! Gå derfor aldrig hverken ad Lillemaden til eller til stranden nedenfor "Lindegaarden", når havgusen råder derude mod sydvest!

Mågen, der forsøger at råbe fiskeskipperen op!

23. Folkesagn

Agersøs måger

Blandt de mange vandrefabler, findes der også en om en måge og en fisker. Den findes i mange varianter, også gendigtet til børn. Der er imidlertid en enkelt af dem, som ser ud til at være blevet fortalt på Agersø?

Maagen skreg over Havets Speil:
Fisker, tag ind dit hvide Seil!
Fiskeren var fra Agersø og hoven
Ved Roret han kun strakte sig doven
Maage, klap i med alt dit Vræl foroven.
Fiskermand, hør nu! Tag Seilet ind!
Jeg ved fra Vest at Stormen kommer ind.

Du skøre Fugl, saadant ved du ej,
Det er mig, der er Fisker, ikke dig.
Pludselig over Havet kom Blæsten,
Kutteren i Havet forsvandt næsten,
Maagen saa omkring Vraget fløj:
Nu har du lært Maagen ikke løj!
De bedste Raad skal man altid følge.
Fiskeren skvulpede rundt paa en Bølge!

Mon fiskeren havde lært noget?

Bulmeurt (Hyoscyamus niger)

24. Folkesagn

Den vidt berygtede øl fra Agersø

Her er det nødvendigt først at begynde med lidt botanik for fuldt ud at kunne forstå, hvorfor øl fra Agersø i lange tider havde et temmelig særligt ry. Selvom det er rigtig mange år siden, vil det sikkert også være bedst at lade både gårdens og gårdmandens navne forblive dybt nede i arkiverne; men de er der, hvis man ved, hvor der skal ledes!

Botanikken først: *En vigtig ingrediens i det særlige øl fra Agersø var tørrede blomster og frø fra planten hyoscyamus niger, bedre kendt på dansk som* **bulmeurt.** *Hele planten er meget giftig på grund af et stort indhold af scopolamin og hyoscyamin. I dag ses planten i en hybridudgave med reduceret giftindhold som en statelig 80 cm høj staude i mange haver. Den vilde forfader, som kom til Danmark med munke og nonner i middelalderen, findes stadig spredt rundt omkring i Danmark. I det såkaldte Storebæltsklima, som bl.a. omfatter Agersø, trives den rigtig godt. Planten ses også rundt omkring på nogle af de mere tørre strandenge og stenede strandvolde på Agersø.*

Så lidt historie: *Bulmeurten har mange øgenavne. Et af dem er* **hekseurt,** *fordi kloge koner og mænd, også på Agersø, gennem århundreder brugte planten både til behandlinger og til selv at opnå indsigt i hemmelige ting gennem de stærke hallucinationer, som den giftige plante kunne bruges til at fremkalde. Når den stærkt* *giftige plante i en periode endte i ølproduktionen på Agersø, så skyldtes det mangel på god humle til at give øllet smag! Tørret bulmeurt har næsten samme lugt som tørrede humlekopper, selvom humlens duft dog er lidt mere sødlig. Når der ikke var ordentlig humle at få lokalt, forsøgte man sandsynligvis på Agersø, som andre steder i landet, at skaffe humle via omrejsende tyske købmænd og handelsrejsende i købstæderne, her lokalt Skælskør. Når de fremmede købmænd en gang imellem måske ikke lige uden videre kunne levere tysk kvalitetshumle, så solgte de det gode tyske råd om at erstatte humlen med tørret bulmeurt, der var gratis at plukke. Det var sådan, man gjorde i de tyske lande helt frem til det siden så kendte "Reinheitsgebot" for ølbrygning i 1516.*

Ude på øerne, og i den fra købstæderne fjernere provins i Danmark, nåede denne tyske bestemmelse næppe nogensinde frem. På Agersø knep det ofte med god humle, så her fortsatte man med at anvende tørret bulmeurt i ølproduktionen. Smagen blev slet ikke så ringe endda, måske lidt mere besk; men det fik blot øllet til at smage, som om alkoholprocenten var lidt højere, end den reelt var. Øl fra Agersø var derfor velanskrevet og kendt for sin gode smag.

I århundreder havde man de fleste steder i landet en tradition for at brygge øl lokalt på næsten alle gårde. Det, der rakte udover gårdens eget forbrug, blev solgt i nærmeste by, her Agersø By, og på havnen til fiskere og fragtskippere.

For at tjene flere penge, så må en eller flere af gårdene med de større ølproduktioner have forsøgt at få øllet til at smage endnu stærkere ved at tilsætte større mængder bulmeurt til produktionen. Det gik bare ikke helt efter hensigten. Det berømte øl fra Agersø blev hurtigt berygtet! Man har til alle tider kendt til alkoholens virkninger; men nu skulle der kun ganske lidt øl fra Agersø i halsen før kraftige og langvarige og farverige hallucinationer fulgte. Bulmeurtens virkning slog hårdt igennem for alvor – også med dødsfald til følge! Måske man i virkeligheden skal glæde sig over, at enhver ølproduktion på Agersø sidenhen ophørte?

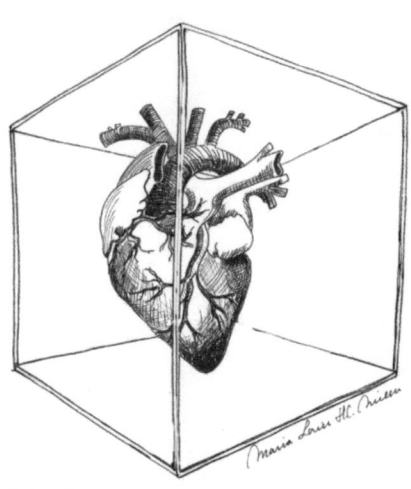

Hjertets uransagelige perspektiv

Epilog

Ved at have læst denne bog, med dens yderst brogede samling af folkesagn, fortællinger, skrøner og almindelig økuller fra den grønne ø i det blå hav, Agersø, så håber jeg selvfølgelig, at du har fået mod på mange flere opdagelser på og omkring øen. Bogen her repræsenterer kun et beskedent; men skarpt, udvalg af farverige fortællinger og nyere og ældre kultur. Mange flere ligger fortsat i skuffen til fortælling eller måske senere bogudgivelser! Bogen her er ikke en faktuel Agersøs Historie. Den er nemlig endnu slet ikke blevet skrevet ned som en sammenhængende historie. Bogen her er økultur og folkeminder. Fortællingerne rummer naturligvis alle forskellige interessante kerner fra historien. Jeg håber imidlertid på, at du, som læser, vil være med til at holde fortælletraditionen i live, ikke blot på Agersø; men helt generelt. Fortællinger skaber fællesskab, fortællinger skaber nye fortællinger.

Min faglige opgave har været at sammenstykke de tusindvis af fragmenter fra fortællingerne og overleveringerne, så de bliver til gode, hele og sammenhængende fortællinger. Min mere underholdende opgave har været gennem selve skrivearbejdet efter bedste evner at levendegøre det hele, så du, som læser, kan få glæde af det ind i fremtiden. Tak fordi du læste med!

Stig Colbjørn Nielsen

Billedfortegnelse: